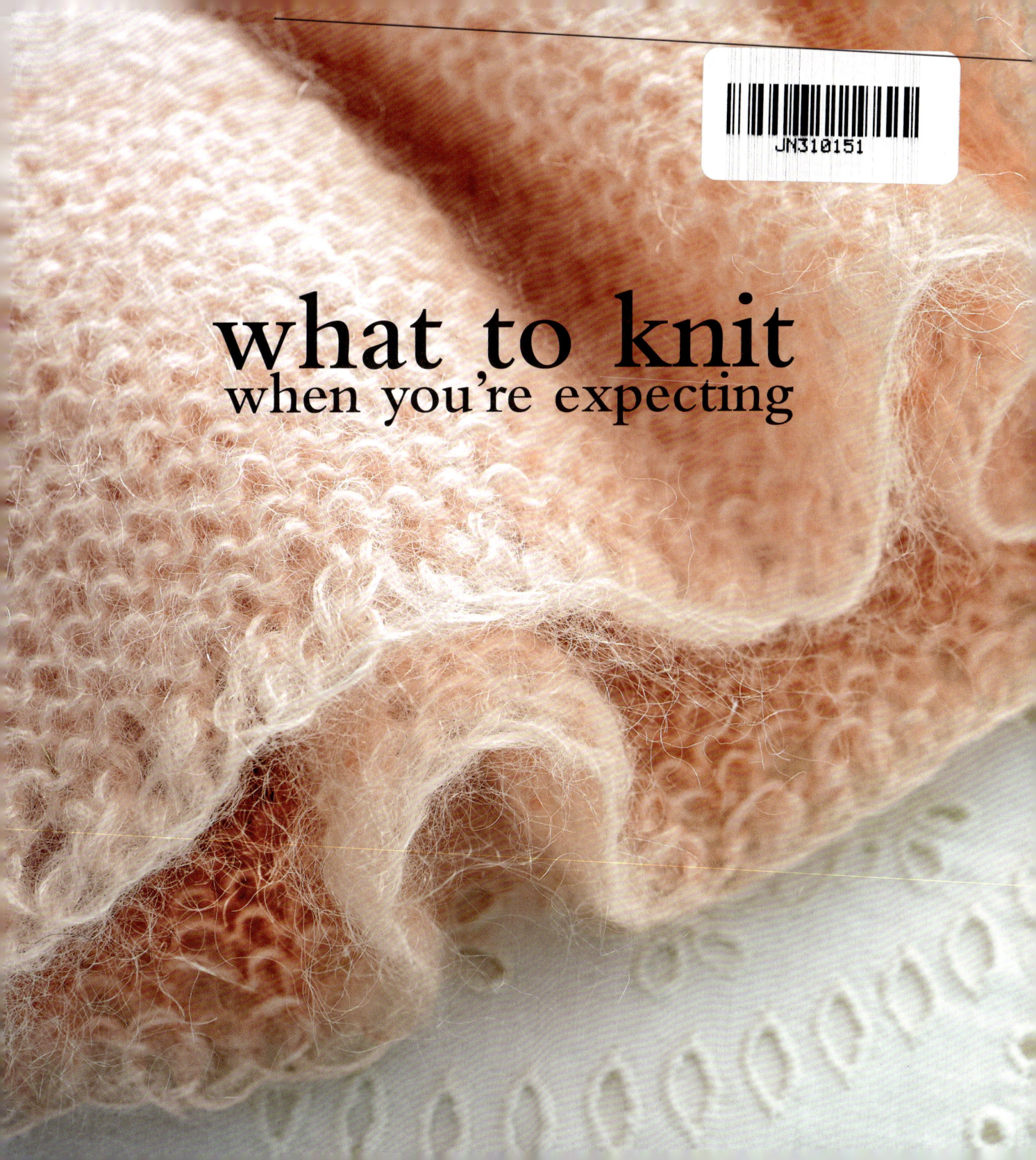

what to knit
when you're expecting

赤ちゃん誕生を夢見ながら
ニットで癒される

母親になる
あなたのための
手編みの本

ニッキー・ヴァン・デ・カー 著
クレール・リチャードソン 写真
松本 敦子 翻訳

First published in Great Britain in 2012 by
Kyle Books
www.kylebooks.com

Text © 2012 by Nikki Van De Car
Photographs © 2012 by Claire Richardson
Design © 2012 by Kyle Books

The Japanese translation is based on the original English language edition "What To Knit When You're Expecting - 28 simple mittens, baby blankets, hats & sweaters -" published by Kyle Cathie Limited, United Kingdom.

All rights reserved. No reproduction, copy or transmission of this publication may be made without written permission. No paragraph of this publication may be reproduced, copied or transmitted save with written permission or in accordance with the provisions of the Copyright Act 1956 (as amended). Any person who does any unauthorised act in relation to this publication may be liable to criminal prosecution and civil claims for damages.

Edited by Judith Hannam
Copy edited by Salima Hirani
Designed by Ketchup
Photography by Claire Richardson
Illustrations by Carol Kearns
Production by Lisa Pinnell
Proofreading by Kate Haxell

Nikki Van De Car is hereby identified as the author of this work in accordance with Section 77 of the Copyright, Designs and Patents Act 1988.

To Maile

contents

コツとテクニック	8
ひと編みごとにママになる準備を	10
サイズ	11
毛糸	11
基本テクニック	12

妊娠初期に編みたいもの …………… 18
〜新しい命に思いをはせて、ゆっくり編むグッズ

妊娠中期に編みたいもの …………… 60
〜性別がわかったら手作りしたい、かわいい服いろいろ

妊娠後期に編みたいもの …………… 100
〜ベビーの誕生を心待ちに作る、簡単にできる小物

購入先リスト	140
索引	142

掲載作品一覧

妊娠初期に編みたいもの
〜新しい命に思いをはせて、ゆっくり編むグッズ

サマースカイ・ブランケット	20
ノアのセーター	24
シンプル・ミトン	28
スラム・ミトン	32
レッグウォーマー	36
ハンナ・ジャケット	40
ハニカム・ブランケット	44
ベビー・コジー(おくるみ)	48
ブルマ	52
ショーツ	56

妊娠中期に編みたいもの
〜性別がわかったら手作りしたい、かわいい服いろいろ

マイレのカーディガン	62
ストライプ・ボートネック・セーター	68
ソフィーのブラウス	72
チュチュ	76
カフド・パンツ	80
リトル・オールドマン・カーディガン	84
アイクのタンクトップ	88
オータム・リーブズ・カーディガン	92
エミリーのドレス	96

妊娠後期に編みたいもの
〜ベビーの誕生を心待ちに作る、簡単にできる小物

チッカディー・ハット	102
タイム・フライズ・ブーティ	106
バープクロス	110
ビブス	114
サマー・バケット・ハット	118
ボタン・バッグ	122
マドックス・ハット	126
フクロウとサルのクッション	130

コツとテクニック

ひと編みごとにママになる準備を

　私の娘、マイレは、2009年12月16日に生まれました。娘が生まれるまでの数ヵ月、私はずっと編みものをしていました。そのおかげか、つらいはずの妊娠期間はあっという間で、常に「きっとすべてうまくいくだろう」と落ち着いた気持ちでいることができました。完成したのは、セーター、ブランケット、バープクロス（授乳後の吐き戻し用のケープ）、ぬいぐるみ。ひと編みごとに、我が子への希望と愛情をこめて作りました。

　本書に掲載するすべてのパターンにはストーリーがあります。実は、28パターンのニットのすべてを妊娠期間中に完成させたわけではありません。ほとんどは娘のマイレのために編んだものですが、ここ何年かの間に知人のために編んだものもあります。

　マイレが生まれた後の最初の1年で、私は編んだもののうち、どれが便利で、どれが引き出しの中にしまいっぱなしになるかを知りました。本書には、その中でもいちばん使いやすいものを掲載しています。どれも比較的シンプルなので、考えごとをしながらでも作ることができます。そして実用的で、実際に着たり、使ったり、遊んだりできるものばかりです。

　本書は妊娠の時期に応じて構成されています。「妊娠初期」は比較的まだ頭がクリアで、時間のかかる作品を仕上げるだけの十分な時間があるため、ベビーブランケットや複雑なフードつきジャケットなど、やや難度の高い10のパターンがおさめられています。「妊娠中期」は、性別に合わせたパターンを中心としています。この時期に性別を告知してもらうことを選んだ人のためです。難度は中くらいですが、時間がかからないものを選んでいます。この時期から、だんだん忙しくなってくるからです。第3の「妊娠後期」は、簡単で時間がかからないものだけに限っています。この頃、妊娠による脳の働きの低下が起こり、注意散漫になったり、イライラしたりすることが増えるからです。

　『赤ちゃん誕生を夢見てニットで癒される』は、母親の「巣作り本能」を少しでも満たすことを目的としています。これは、自分で何かを作り出すことでしか、満たされないものです。子ども部屋の壁をペイントするのでも、ベビー用の折りたたみ式ベッドを組み立てるのでも（あまりおすすめしませんが）、ベビーの着る服をすべて編むのでも、なんでもかまいません。妊娠女性が必要とすることを尊重するべきなのです。

サイズ

　ベビーのサイズは、実にさまざまです。生後6ヵ月のベビーが1歳のベビーより体重が重いことがありますし、新生児は誰もが想像していたより小さいと感じます。本書に示すサイズは「平均的な」ベビーのサイズで、体にぴったりフィットするデザインか、ゆったりしたデザインかは、その服によって異なります。たとえばハンナ・ジャケット(p.41)はゆったりしており、エミリーのドレス(p.96)の胴まわりは、ぴったりフィットするデザインです。サイズについて迷ったら、少し大きめを作りましょう。いつかはちょうどよくなりますから。

毛糸

　本書ではアクリル毛糸はあまり使用しません。私のおすすめする糸はやや贅沢なことがあります（ベビーにカシミア？と疑問に思われることもあるでしょう）。しかし私は、ウール、コットン、そしてカシミアも、実用性において最高だと思っています。

　多くの人が、ピュアウール、カシミア、コットンについている洗濯表示を見てうんざりすることでしょう。しかし工夫をすれば、これらの洗濯は難しくありません。私はマイレの衣服はすべて、ドレフトなどベビー用の洗濯洗剤で洗います。そしてニットの服も他の服と一緒に洗濯機に入れて、デリケート・モードで洗濯するのです。ただし、ニットは平らに広げて干す。それだけです。洗濯に関して、アクリル糸のニットより手がかかることはありませんし、マイレを抱いたときに、その服が彼女の肌のように柔らかな手触りであることは嬉しいものです。

	0-3ヵ月	3-6ヵ月	6-12ヵ月
体重	2.3–4.5kg	3.6–5.5kg	5.5–8kg
身長	55–65cm	65–75cm	75–85cm
胸囲	44cm	46cm	48cm
頭囲	38cm	40cm	43cm
袖丈（脇下から手首）	15cm	16cm	18cm
おむつをつけた状態のヒップ周り	48cm	51cm	53cm
股下	16cm	19cm	22cm

基本テクニック

作り目

作り目にはさまざまな方法があり、それぞれ利点があります。以下は本書で使用される作り目です。

ロングテール（A）

本書のパターンの作り目のほとんどがロングテールです。特に記載がなければ、ロングテールで作り目をすると考えてください。ただし、好きな作り目の方法があれば、その方法でかまいません。

糸を1列目の約3倍の長さまで出します。作り目をやり直すことがないよう、長めにとりましょう。引き結びをして、その輪の中に針を入れます。右手で針を持ち、糸の片方を左手の親指に、もう片方を左手の人差し指にかけます。図のように、指は伸ばしたままにします。針を親指の前の糸の下から上にくぐらせ、人差し指の前の糸にしたから上にくぐらせ、親指の輪を針にかけ、糸を引きしめます。これを必要な目の数ができるまでくり返します。

別糸の作り目（B）

かぎ針を使って、必要な作り目の数より4目多く鎖編みをして、糸を切り、結びます。裏返して1番目か2番目の鎖の下側の輪に編み針を通し、必要な目数になるまで表編みをします。終わったら、鎖編みはほどくことができます。

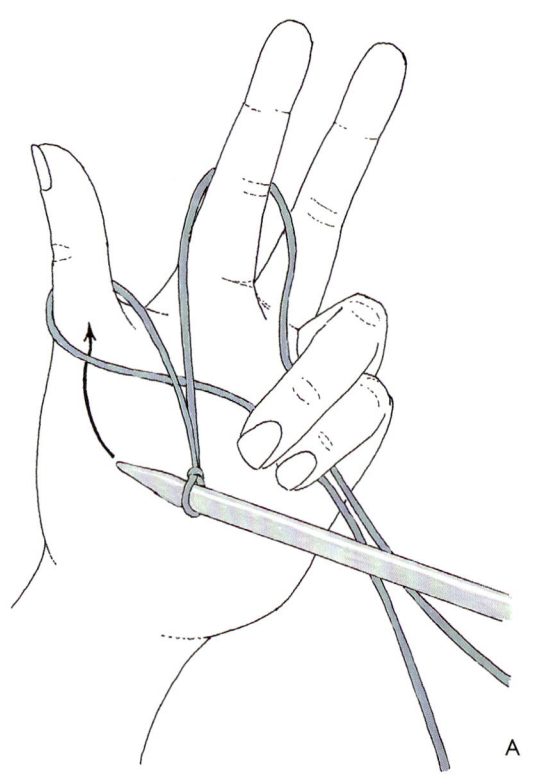

A

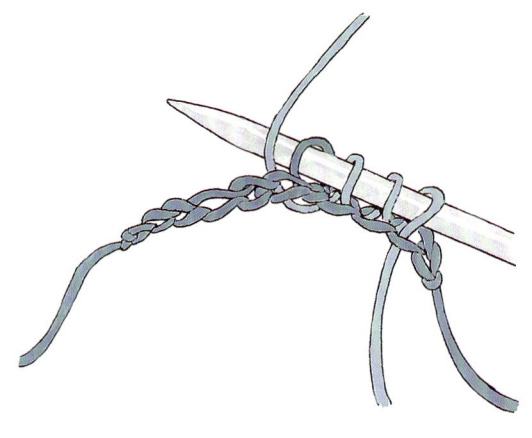

B

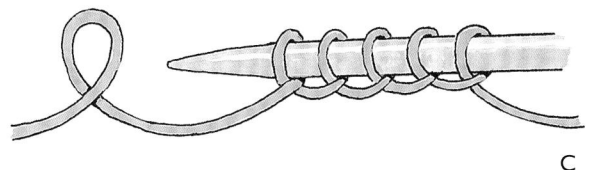

巻き目の作り目（C）

　左手人差し指の前から後ろに糸を巻いて輪をつくり、右の編み針をその輪に通してから、左手人差し指を抜き、糸を引きしめます。必要な目数までこれをくり返します。

ケーブルキャストオン（D）

　引き結びをして、左の編み針を通します。右の編み針を使って1目編み、その目を左の編み針にかけます。＊できあがった2つの目と目の間の空間に右の編み針を通し、そこで1目編み、左の編み針にかけます。＊を左の編み針の2目の間の空間を作って、必要な作り目ができるまでくり返します。

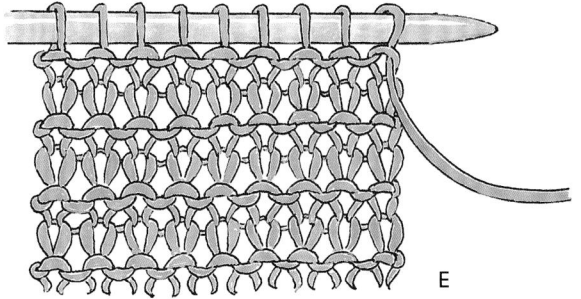

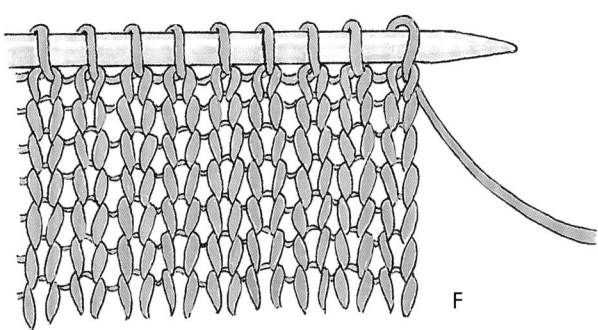

ガーター編み（E）

　棒針で編む場合は、表側も裏側も表編みで編みます。輪針で編む場合は、表編みと裏編みを1段ごとに交互に編みます。

メリヤス編み（F）

　棒針で編む場合は、1段ごとに表編みと裏編みを交互に編みます。輪針で編む場合は、表編みだけで編みます。

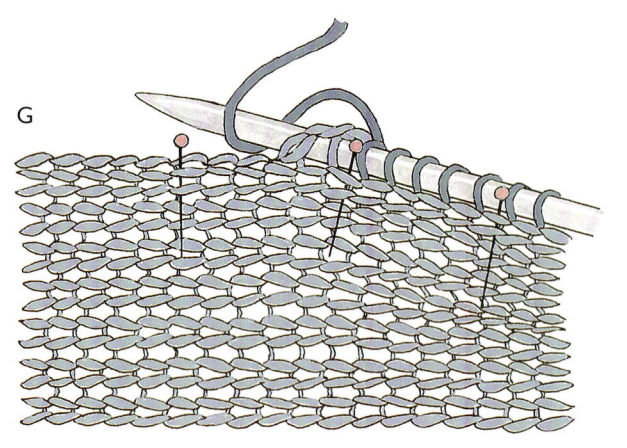
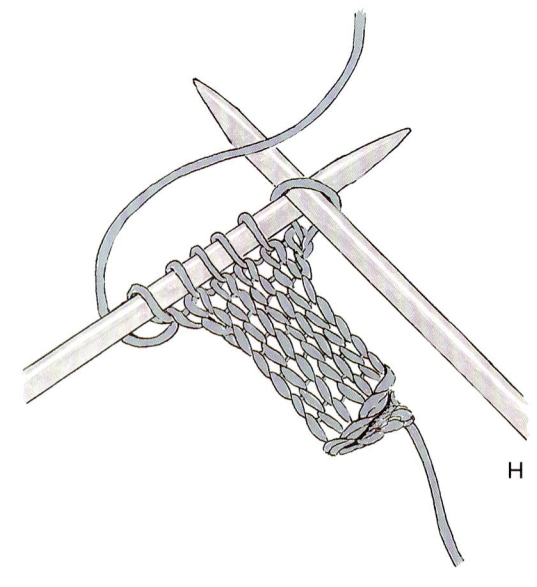

拾い目（G）

　作り目、または伏せ目にそって目を拾います。まず編み地は表側を上にして、編み針を上端からすぐ下の目のＶ字の部分にさし、そこに糸をかけて輪を作り、編み針を引き抜きながら１目作ります。必要な目を拾うまで、これを続けます（G）。側端の目を拾うときは、表側を上にしたままサイドを変え、端から数えて１段目と２段目の間の横糸に針をさし、そこに糸をかけて輪を作り、編み針を引き抜きながら１目作ります。必要な目を拾うまで、これを続けます。

アイ・コード（H）

　６目のアイ・コードを紹介します。両端がとがった棒針を使って６目の作り目をします。そこから表編みをして、端までいったら、右の編み針の反対側の最後に通します。針を返すことなく、糸を針の裏側を通らせて引き締め、それを左手で持って、針の反対側の端から６目表編みをします。端までいったら目を針の反対側に送り、同じことをくり返します。必要な長さになるまで、針を返すことなく、くり返します。

マジックループ（I）

　マジックループとは、小さな輪を両端がとがった棒針ではなく輪針で編む方法です。棒針のほうを好む人もいますし、本書に掲載するパターンは必ずしもマジックループである必要はありませんが、便利な方法として紹介しましょう。

　作り目をしたら、その目を輪針のワイヤー部分の中央に送り、目をちょうど2等分する部分から、ワイヤーの輪を引き出します。左側の目を左の針にスライドさせ、残りの目を右の針にスライドできるように、ワイヤーを調整します。右の編み針が自由に動かせるようにします。左の編み針に表編みをして、その目をワイヤーに移します。それから休んでいた目を左の編み針に移し、同じように表編みをして輪になるようにします。半分の目から残りの半分の目に移るとき、必ず糸をひきしめるようにして、つなぎめにハシゴのような編み目ができないようにしましょう。

輪に編む

　本書に掲載されている袖やズボンは、編んだ後に筒状に縫い合わせる方法で製作します。私は最初から輪に編むよりも、縫い合わせる方が簡単で、より仕上がりを美しく、丈夫に作ることができると思っているからです。しかし、誰もが縫い合わせる方法を好むわけではありません。熟練のdpn（両端がとがった編み針）を愛するニッターは、袖を作るなら輪に編みたいと思うことでしょう。その場合は、縫い合わせる部分が不要となるので、本書の記載の目数を1つか2つ減らして編んでください。また輪状に編むと2本のズボンの足をつなぐのが難しいことも心に留めてください（もちろん不可能ではありません）。

仕上げ

　仕上げによって、完成品の全体の出来上がりが大きく違ってきます。編み終わりやパーツの縫合には、さまざまな編み方があり、それぞれに利点があります。なおパーツは、縫い合わせる前に必ずブロッキング（p.17を参照）をしてください。

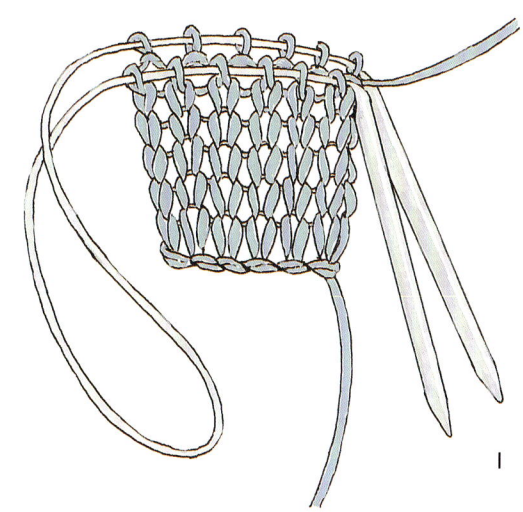

I

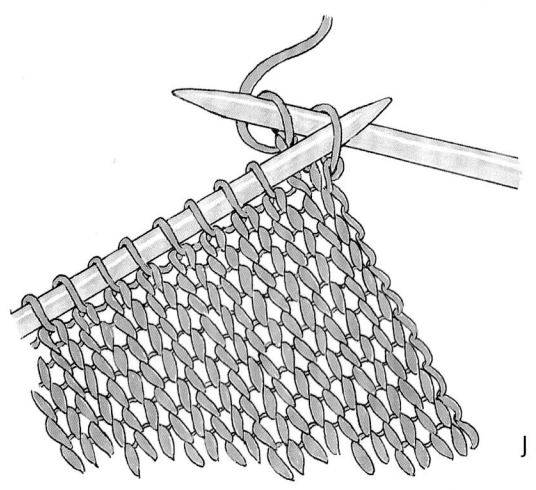
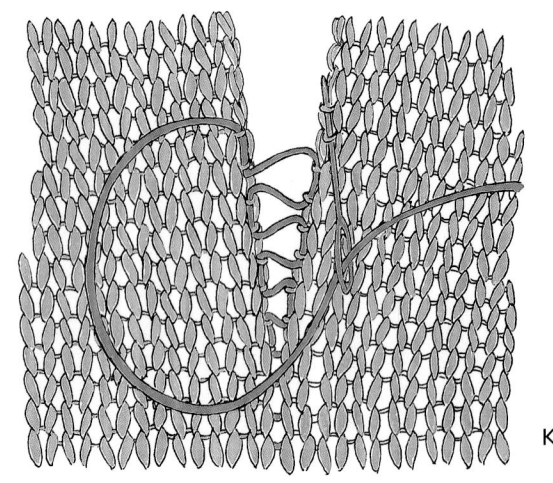

伏せ目（J）

　伏せ目は、まず2目を表編みし、＊最初の目（糸がついていない目）に左の編み針をさし、その目を2つめの目を超えて右の編み針の先にかけます。右の編み針には1目残っています。左の編み針に1目編みます。左の編み針にかかっている目がなくなり、右の編み針に1目だけ残るまで＊をくり返します。糸を切り、最後の1目に通して引き出します。きっちりと引き締めます。

　端の処理を美しく、かつ収縮性をもって仕上げるにはコツがあります。それまで使っていた右の編み針を1サイズ太いものに変えることです。糸を強く引っ張りすぎなければ、このように針を変える必要はありませんが、作業が少し楽になります。

すくいとじ（K）

　すくいとじは、簡単で、丈夫で、フラットで、つなぎ目がほぼ分からなくなる、素晴らしい縫合方法です。まず2つの編み地を表を上にして突き合わせます。

　とじ針に糸を通し、左の編み地の端の1段目に針を通し、端から1目と2目の間にある下の横糸に通してすくいます。それから右の編み地の同じ位置の、1目と2目の間にある下の横糸に通してすくいます。＊もう一度、左の編み地の1目と2目の間にさし、次の2つの段の横糸の下を通します。それから右の編み地の同じ位置の次の2つの段の横糸の下を通し、一度で2段分を通します。右の編み地で＊をくり返し、左右を行ったり来たりして、全体をとじます。必ず端から1目と2目の間をとじるようにしましょう。

＊をすべての目をとじるまでくり返します。

ブロッキング

私が気に入っているブロッキングは、きわめてアグレッシブで手間がかかりません。編み地をぬるま湯をためたシンクに入れ、全体が十分ぬれるようさっとかきまわし、軽くしぼります。水がしたたらない程度でよいでしょう。それから平らな場所に広げ、必要な大きさに広げます（ただし伸ばし過ぎないように。その衣服がどの程度広げればよいか教えてくれます）。必要に応じて上下を返しながら、完全に乾かします。

着て洗った後も、同じように平らに広げて乾かす上記のプロセスをくり返すとよいでしょう。なお糸の洗濯表示を必ず確認してください。

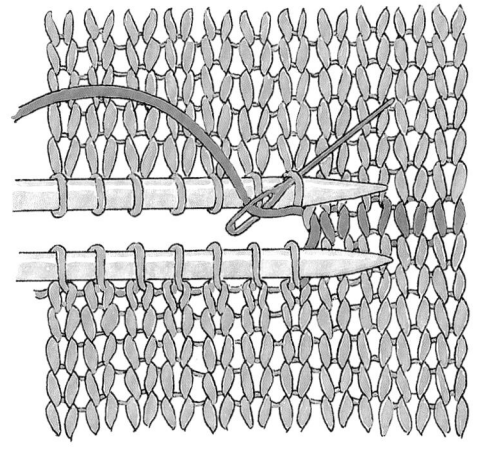
L

メリヤスはぎ（L）

メリヤスはぎは、まだ針にかかっている編み目どうしを、表編みを模した編み方でとじる、つなぎ目が目立たない方法です。

同じ目数がかかった編み針2本を持ち、表を上にしてつき合わせ、糸が残っている編み地が上にくるようにします。とじ合わせる前に、編み目の準備が必要です。とじ針に糸を通し、下側の針にかかっている最初の目に刺し、編み目を編み針に残したまま、裏編みと同じ方向に針を通します。

下の編み針の糸を引き、とじ針を上の編み針の最初の目にさし、表編みと同じ方向に針を通します。ここでも編み目は編み針に残したままです。

これで、2つの目をとじ合わせる準備ができました。＊とじ針を、上の編み針の最初の目にさし、表編みと同じ方向に通し、とじ針の目を外します。それから、とじ針を下の編み針の次の目にさし、裏編みと同じ方向に通し、糸を引きます。この目は編み針に残します。とじ針を下の編み針の最初の目にさし、裏編みと同じ方向に通し、糸を通すと同時に編み針から目を外します。とじ針を上の編み針の次の目にさし、裏編みと同じ方向に通し、その目は編み針に残します。

妊娠初期に編みたいもの

私の場合、最初の1ヵ月半は妊娠に気がついていませんでした。
それでも、妊娠初期はとても長く感じられ、
編み物ばかりしていました。
初心者のニッターは、
比較的簡単な「サマースカイ・ブランケット」がおすすめです。
もっと難しいものに挑戦してみたい人は、
ハニカム編みのブランケットがよいかもしれません。

サマースカイ・ブランケット

これは軽くてさらっとしたコットンブランケットで、あっという間に編むことができます。まずは広くて青い空を、それからフワフワの白い雲の縁取りを編みましょう。

サイズ
約 72cm×79cm

材料
ブルースカイアルパカ社製ウーステッド・コットン（628 アズール）100g×3
ブルースカイアルパカ社製ウーステッド・コットン（614 ドリフト）100g×3
10号（US 5mm）50cmの輪針、とじ針

ゲージ
メリヤス編み（10号、US 5mm 棒針）15目23段が10cm四方

ライス編み

1段目（裏側）：すべてメリヤス編み。

2段め：裏編み1、＊表編み1ねじり目、裏編み1＊
＊から＊を最後までくり返します。

パターン

メインカラーで作り目96目。
高さ72cmになるまで表編み、最後の段は裏編み。
端はすべて伏せ目にします。糸の端を編み込む。

❋ エッジ ❋

コントラストカラーで、編み地を表を上にしておき、伏せ目にした端を97目拾います。ライス編みを11段編み、最後に裏編みをします。最後の1目以外をすべて伏せ目にします。

最後の1目は編み針に残し、編み地を反時計まわりにまわし、ライス編みをした端を6目拾って表編みをします。そしてブランケットの長い辺の端にそって98目拾ってメリヤス編みをします。合計105目。

ライス編みを11段編みます。そのとき、最後は裏編みをします。最後の1目以外をすべて伏せ目にします。

最後の1目は編み針に残し、編み地をもう一度反時計まわりにまわし、ライス編みをした端を6目拾って表編みをします。そしてブランケットの作り目の辺の端にそって96目拾ってメリヤス編みをします。合計103目。

ライス編みを11段編みます。そのとき、最後は裏編みをします。最後の1目以外をすべて伏せ目にします。

最後の1目は編み針に残し、編み地をもう一度反時計まわりにまわし、ライス編みをした最後の1辺に沿って6目拾い表編みをします。そしてブランケットのもう1つの長い辺の端にそって98目拾ってメリヤス編みをして四角形を完成させます。合計111目。

ライス編みを11段編みます。そのとき、最後は裏編みをします。すべての編み目を伏せ目にします（最後の1目も含む）。

仕上げ

編み終わりの糸を編みこんでブロッキングします。

ノアのセーター

このセーターは、
義理の息子の名前にちなんで名づけました。
小さな子どものために昔から編まれている、
伝統的なスタイルのセーターです。
コットンの糸を使ったキーホールネックは
通気性がよく、風が冷たい日などに便利です。

サイズ

0-3ヵ月（以下、3-6ヵ月、6-12ヵ月の順で記載）
写真は0-3ヵ月

材料

メインカラー：エイミー・バトラー・ベル・オーガニック（013 Moonflower）50g×2
コントラストカラー：エイミー・バトラー・ベル・オーガニック（017 Zinc）50g×1（2、2）
6〜7号（US3.75mm）の棒針1組、とじ針、
直径11.5mmのボタン1個、針と糸

ゲージ

メリヤス編み（6-7号 US3.75mm 棒針）23目30段が10cm四方

パターン

❋ 身頃（2枚製作）❋

メインカラーで作り目50目（54目、58目）をします。
ガーター編みで6段、
メリヤス編みで16cm（18cm、20cm）まで編み、最後の1段は裏編みをします。全体で23cm（26cm、29.5cm）となります。
次の2段の編み始めを2目ずつ伏せ目にして46目（50目、54目）メリヤス編みをします。

次の段：表編み2目、右上2目一度、最後4目残るまで表編みし、表目の左上2目一度し、表編み2目します。合計44目（48目、52目）。

＊**次の段**：裏編みを最後まで続けます。
次の段：表編み2目、右上2目一度、最後4目残るまで表編みし、表目の左上2目一度し、表編み2目します。合計42目（46目、50目）。
＊以降を、24目になるまで続けます。
次の段：裏編みを最後まで続けます。
すべての目を伏せ目します。

❋ 袖（2枚製作）❋

コントラストカラーを使って作り目26目（28目、32目）。
ガーター編みで6段。
＊＊裏編みを1段してからメリヤス編み7段
次の段：表編み2目、増目1目、最後に2目残るまで表編み、増し目1目、表編み2目、計28目（30目、34目）
＊＊以降を、目数が36目（40目、44目）になるまで続け、その後は15cm（17cm、19cm）まっすぐ編み、最後の段を裏編みをします。全体で22cm（25cm、28cm）となります。
次の2段の編み始めを2目ずつ伏せ目にして32目（36目、40目）メリヤス編みをします。
次の段：表編み2目、右上2目一度、最後に4目残るまで表編み、左上2目一度、表編み2目、計30目（34目、38目）
＊＊＊**次の段**：最後まで裏編み
次の段：表編み2目、右上2目一度、最後に4目残るまで表編み、左上2目一度、表編み2目、計28目（32目、36目）
＊＊＊以降を9回（11回、13回）くり返します。
次の段：裏編みを最後までします。
すべての目を伏せ目します。

❋ ポケット ❋

コントラストカラーを使って作り目 20 目（22 目、24 目）。

最初の段は表編みをして、メリヤス編み 20 段（22 段、24 段）。

裏編み 2 段。

裏目の向きで伏せ目。

仕上げ

前身頃と後身頃を、ラグラン袖の端にあたる部分まで縫い合わせます。

ラグラン袖を前身頃と後身頃に合わせて、前の右のラグラン袖の端をのぞくすべてを、コントラストカラーで縫い合わせます。このとき、脇から 3cm まで縫い、残りはそのままにします。袖をコントラストカラーで縫い合わせます。ポケットを写真のように縫いつけます。端の始末をします。

❋ 襟ぐり ❋

コントラストカラーを使って、編み地の表を上にして、首周り 60 目を拾い、表編みをします。端はつながない。

次の段：最後まで表編みをします。

次の段：表編み 1 目、糸を編み地の手前に置いてかけ目（ボタンホール）、左上 2 目一度、最後まで表編みをします。

すべての目を伏せ目にします。

ボタンホールの反対側にボタンを縫いつけます。

シンプル・ミトン

これは、少し暖かな冬の日にちょうどよい、軽やかなミトンです。
親指が分かれているので、おもちゃをつかんだり、出会った犬や猫に手をふったり、あなたの手をぎゅっと握ったりできます。

サイズ

0-12ヵ月

材料

デビー・ブリス・カシメリノ・アラン（202 Light Blue）50g×1
10号（US 5mm）の両端がとがった編み針1セット、予備の糸またはほつれ止め、とじ針、
幅1.5cmのゴム、針と糸、目数リング

ゲージ

メリヤス編み（10号、US 5mm）21目28段が10cm四方

❋ ゴムの準備 ❋

ゴムは 14cm の長さに切り、2cm 重ねて輪にします。針と糸で重なった部分を縫いつけます。

パターン（2枚製作）

❋ カフ部分 ❋

作り目 26目。3本の両端がとがった棒針に目を分け、輪に編んでいきます。輪の最後が分かるように目数リングを通します。

1周め：＊表編み 1目、裏編み 1目を続けて 1周し、6cm の高さになるまで編みます。これがカフ部分になります。

❋ ゴム ❋

編み針の輪の中から突き出すように、カフのすそを裏を上にして出し、編み地を返します。作り目のある端より 1.5cm 下にゴムを置き、作り目のある端を折ってゴムを包みます。左の編み針を使って作り目の最初の目を拾い、左の編み針にあった最初の目と一緒に表編みをして、ゴムをとりこむように縫い合わせます。作り目の 2番目の目を拾い、編み針の 2番目の目と一緒に表編みをします。これを輪の最後まで続け、カフの中にゴムを入れます。それからカフを編み針の中に戻します。この手順が難しく感じるときは、すべてを編み終わってからゴムをぬいつけてもいいでしょう。その場合はブルマのページ「p.52」を参照してください。ただし、やってみると意外に難しくないかもしれません。

❋ 親指の部分 ❋

次の周：表編みで 1周します。
次の周：表編み 2目、1目増し目、最後に 1目残るまで表編みし、1目増し目、表編み 1目、合計 28目。
表編みで 2周します。
次の周：表編み 3目、1目増し目、最後に 2目残るまで表編みし、1目増し目、表編み 2目、合計 30目。
次の周：表編みで 1周します。
次の周：最後に 3目残るまで表編みをします。次の 7目は予備の毛糸かほつれ止めに通します。巻き目の作り目「p.13を参照」で 1目編み、目数リングを通して周の終わりの目印とします。作り目を 2目し、最後まで表編みをします。合計 26目。

❋ ミトン本体 ❋

メリヤス編みの部分が 7cm になるまで表編みをします。
次の周：表編み 1目、右上 2目一度、表編み 7目、左上 2目 1度、表目 2、右上 2目一度、表編み 7目、左上 2目 1度、表編み 1目、合計 22目。
次の周：最後まで表編みをします。
次の周：表編み 1目、右上 2目一度、表編み 5目、左上 2目 1度、表目 2、右上 2目一度、表編み 5目、左上 2目 1度、表編み 1、合計 18目。
次の周：最後まで表編みをします。
次の周：表編み 1目、右上 2目一度、表編み 3目、左上 2目 1度、表目 2、右上 2目一度、表編み 3目、左上 2目 1度、表編み 1目、合計 14目。
次の周：最後まで表編みをします。，

最初の 7目、次の 7目をそれぞれ別の編み針に通します。メリヤスはぎ「p.17を参照」でミトンの上端部をはぎ合わせます。

❇ 親指 ❇

休ませておいた7目を、2本の編み針に通します。

次の段： 表編み7目、3番目の編み針に以下のように5目編んでかけます。親指と本体の境目を1目編み、伏せ目から3目拾って表編み、親指と本体の境目を表編みで1目編みます。合計12目。

表編みで7周します。

仕上げ

最後の糸を長めに切り、残った編み目に通して引き締めます。糸の端を編みこむます。

スラム・ミトン

スラムとは、紡いでいない糸のふわふわとした糸くずで、編み地に編みこむと表にはユニークな柄ができ、裏には暖かなフリース地ができます。ここで紹介するのは、時間をかけず作ることができる、素晴らしく柔らかで暖かなミトン。親指は分かれておらず、内側のフリースが赤ちゃんの手の全体を暖かく包み込みます。

サイズ
0-12ヵ月

材料
ローワン・キッド・クラシック（828 Feather）50g×1
ウールトップ 30g　※手に入りにくい場合は、ゆるく紡がれた太めの糸で代用できます。
11号（US5.5mm）の両端がとがった編み針5本組、幅1.5cmのゴム、とじ針、針と糸

ゲージ
メリヤス編み 11号（US 5.5mm 棒針）20目27段が10cm四方

ノート：ウールトップの編み込み

右の編み針を通常のように編み目にさし、ウールトップをその右の編み針にかけ、さらに普通の糸を右の編み針にかけ、ウールトップと普通の糸を同時に表編みをします。

❊ ウールトップの準備 ❊

繊維状または糸状のウールトップを、長さ約8cmに切るか裂き、幅0.5cmになるまで撚ります。これを全部で80本作ります。

❊ ゴムの準備 ❊

ゴムを14cmの長さに切り、両端を2cm重ねて輪にします。重なった部分を針と糸で縫いつけます。

略語

スラム1目：次の編み目にスラムを編み込むことを意味します。

パターン（2枚製作）

❊ カフ ❊

作り目24目。3本の編み針に等分に目を分けて輪に編めるようにします。輪の最後がわかるように目数リングをつけます。
1周め：*表編み1目、裏編み1目、*を輪の最後まで続けます。そして高さ6cmになるまでくり返します。これがカフになります。

❊ ゴム ❊

編み針の輪の中から突き出すように、カフのすそを裏を上にして出し、編み地を返します。作り目のある端より1.5cm下にゴムを置き、作り目のある端を折ってゴムを包みます。左の編み針を使って作り目の最初の目を拾い、左の編み針にあった最初の目と一緒に表編みをします。これでゴムはカフの中に縫いこまれていきます。作り目の2番目の目を拾い、編み針の2番目の目と一緒に表編みをします。これを輪の最後まで続け、カフの中にゴムを入れます。それからカフを編み針の中に戻します。この手順が難しく感じるときは、編み終わってからゴムをぬいつけてもいいでしょう。その場合はブルマのページ「p.52」を参照してください。

でも、やってみると意外に難しくないかもしれません。

❊ ミトン本体 ❊

最初の周：編み出し増目1目、表編み10目、編み出し増目×2目、表編み10目、編み出し増目1目。合計28目
次の周：最後まで表編みをします。
次の周：編み出し増目1目、表編み12目、編み出し増目×2、表編み12目、編み出し増目1目。合計32目。
次の周：最後まで表編みをします。
スラムの周：*表編み3目、スラム1目、*以降を輪の最後までくり返します。
　表編み3周。
最後の4周は2回多くくり返します。
次の周：スラムの周をもう一度くり返します。
次の周：表編み1目、すべり目・すべり目・表編み、表編み10目、左上2目一度、表編み2目、すべり目・すべり目・表編み、表編み10目、左上2目1度、表編み1目。合計28目。
次の周：最後まで表編みをします。
次の周：表編み1目、すべり目・すべり目・表編み、表編み8目、左上2目一度、表編み2目、すべり目・すべり目・表編み、表編み8目、左上2目1度、表編み1目。合計24目。
次の周：表編み1目、スラム1目、（表編み3目、スラム1目）×2、（表編み1目、スラム1目）×2、（表編み3目、スラム1目）×2、表編み1目、スラム1目。
次の周：表編み1目、すべり目・すべり目・表編み、表編み6目、左上2目一度、表編み2目、すべり目・すべり目・表編み。合計20目
次の周：最後まで表編みをします。

最初の10目、次の10目をそれぞれ別の編み針に通します。メリヤスはぎ「p.17を参照」でミトンの上端部をはぎ合わせます。

仕上げ

お好みに応じて糸の端を縫い込みます。ミトンをリボンでつないでもよいでしょう。

レッグウォーマー

娘のマイレはおむつ替えが嫌いで、
いつも足をバタバタさせるので、
ズボンの脱ぎ履きが大変でした。
そんな悩みを解決する、素敵な解決方法が、
このレッグウォーマーです。
上からだんだん細くなり、
プルタブ式のボタンでずり下がらず、
血液の流れもさまたげません。

サイズ

0-3ヵ月（3-6ヵ月、6-12ヵ月、以下この順番で表記）
（写真は6-12ヵ月）

材料

マデリントッシュ・トッシュ・メリノ・ライト（Tern）
×1かせ、中細糸
2号（US2.75mm）の両端がとがった棒針5本組、
目数リング ×3、とじ針、
直径8mmのボタン2個、針と糸

ゲージ

メリヤス編み（2号、US 2.75mm 棒針）30目 38.5段
が 10cm 四方

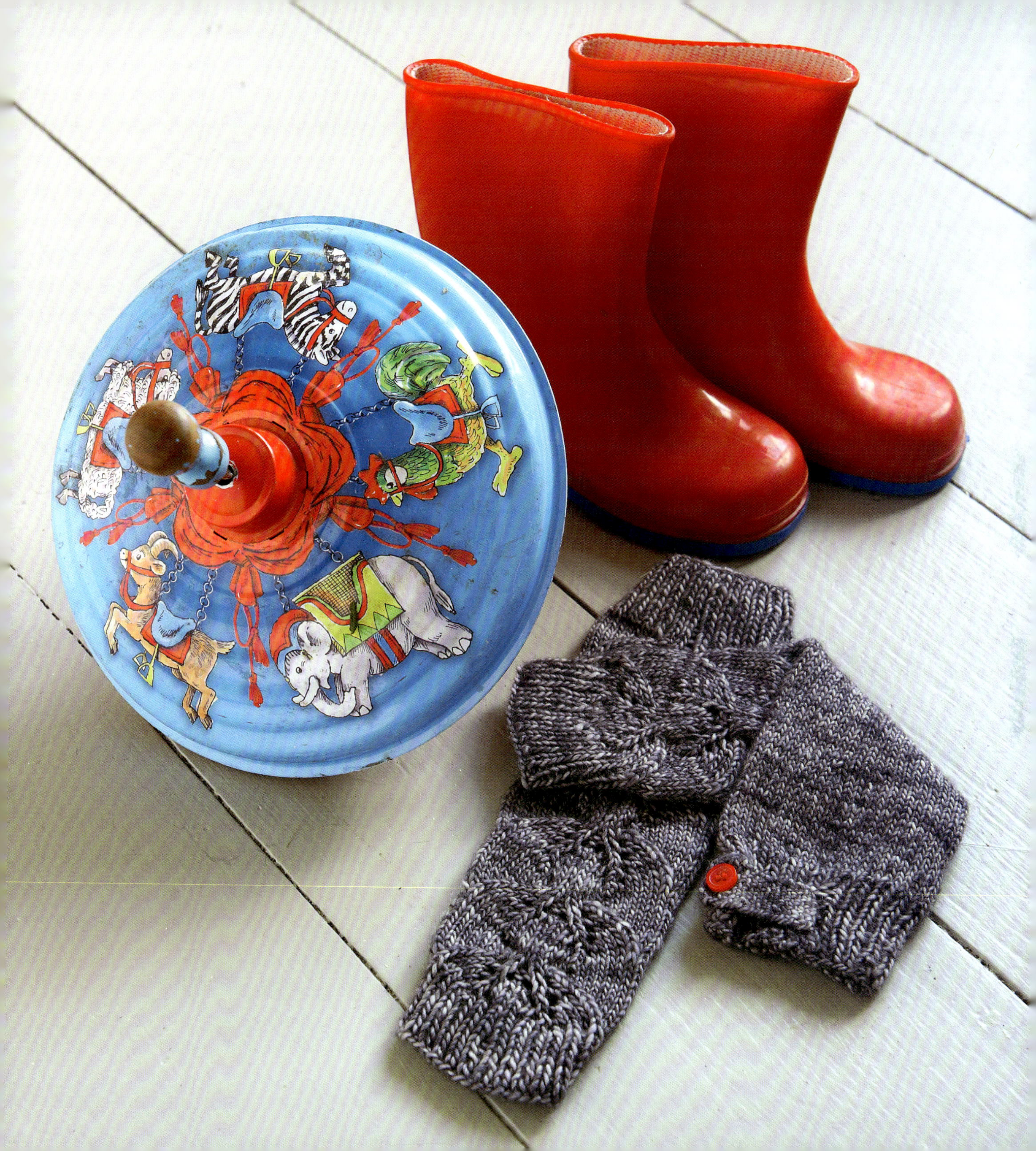

ターン・リーフ・レース・パターン（作り目23目）

1周め：表編み8目、左上2目一度、糸を編み地の手前におく、表編み1目、裏編み1目、糸を編み地の手前におく、すべり目1目表編み1、すべり目した目をかぶせる、表編み7目

2周め：表編み7目、左上2目一度、表編み2目、糸を編み地の手前におく、裏編み1目、糸を編み地の手前におく、表編み2、すべり目1目表編み1、すべり目した目をかぶせる、表編み7目

3周め：表編み6、左上2目1度、表編み1目、糸を編み地の手前に置く、表編み2目、裏編み1目、表編み2、糸を編み地の手前に置く、表編み1目、すべり目1目表編み1、すべり目した目をかぶせる、表編み6目。

4周め：表編み5目、左上2目一度、表編み3目、糸を編み地の手前に置く、表編み1目、裏編み1目、表編み1目、糸を編み地の手前に置く、表編み3目、すべり目1目表編み1、すべり目した目をかぶせる、表編み5目。

5周め：表編み4目、左上2目一度、表編み2目、糸を編み地の手前に置く、表編み2目、糸を編み地の手前に置く、裏編み3目、裏編み1目、表編み3目、糸を編み地の手前に置く、表編み2目、すべり目1目表編み1目、すべり目した目をかぶせる、表編み4目。

6周め：表編み3目、左上2目一度、表編み4目、糸を編み地の手前に置く、表編み2目、裏編み1目、表編み2目、糸を編み地の手前に置く、表編み4目、すべり目1目表編み1目、すべり目した目をかぶせる、表編み3目。

7周め：表編み2目、左上2目一度、表編み3目、糸を編み地の手前に置く、表編み4目、裏編み1目、表編み4目、糸を編み地の手前に置く、表編み3、すべり目1目表編み1目、すべり目した目をかぶせる、

表編み2目。
8周め：表編み1目、左上2目1度、表編み5目、糸を編み地の手前に置く、表編み3目、裏編み1目、表編み3目、糸を編み地の手前に置く、表編み5目、すべり目1目表編み1目、すべり目した目をかぶせる、表編み1目。
9周め：左上2目一度、表編み4目、糸を編み地の手前に置く、表編み5目、裏編み1目、表編み5目、糸を編み地の手前に置く、表編み4目、すべり目1目表編み1、すべり目した目をかぶせる。
10周め：表編み11目、裏編み1目、表編み11。
11周め：10周めと同じ。
12周め：10周めと同じ。

リネン編み

1段め：＊裏編み1目、糸を編み地の向こう側に置く、裏編みの方向にすべり目1目、糸を編み地の手前に置く、＊以降を最後まで続ける、表編み1目。
2段め：＊裏編みの方向にすべり目1目、糸を編み地の向こう側に置く、表編み1目、糸を編み地の手前に置く、＊以降を最後まで続ける、すべり目1目。

パターン（2枚製作）

作り目44目（48目、52目）、3本の両端がとがった棒針に作り目をだいたい等分に分け、輪になるように続けて編みます。輪の終わりが分かるように目数リングをつけます。
1周目：＊表編み1目、裏編み1目、＊以降を周の終わりまでくり返します。
高さが3cmになるまで1周目をくり返します。
次の周：表編み10目（12目、14目）、目数リング、次の23目をターン・リーフ・レース・パターンの1段目と同様に編む、目数リング、最後まで表編みをします。
（ノート：このターン・リーフ・レース・パターンは、軸が中心からずれていますが、できあがりのレッグウォーマーでは見えないため、心配はいりません。）
＊＊**次の周**：最初の目数リングまで表編み、ターン・リーフ・レース・パターンを2段、最後まで表編み。
高さ2.5cm（3cm、4cm）になるまで、ターン・リーフ・レース・パターンをくり返します。
減らし目の周：表編み1目、左上2目1度、目数リングまで表編み、次の段はターン・リーフ・レース・パターン、最後の4目は表編み、すべり目1目表編み1、すべり目した目をかぶせる、表編み2目。
＊＊以降を3回くり返します。合計36目（40目、44目）。

作り目からの高さが13cm（15cm、19cm）になるまでターン・リーフ・レース・パターンを続けながら表編みをします。
次の段：＊表編み1目、裏編み1目、＊以降を周の終わりまでくり返します。
最後の段をリブ編みが3cmになるまでくり返します。
すべての目を伏せ目にします。

❋ タブ ❋

左のレッグウォーマー
最上部中央の裏側から3段下、右に5目の場所に印をつけます。足首のカフが右にくるようにレッグウォーマーを横向きに置き、上端部のカフの印から7目拾います。
リネン編みを4cmして、1段目で終わりにします。
ノート：リネン編みは少し難しそうに見えますが、覚えてしまえば簡単な編み方で、まったく伸びないところが便利です。ガーター編みでタブを作りたい場合、伸びることを考慮して長さを2cmにしましょう。
ボタンホールの段（表側）：すべり目1目、糸を編み地の向こう側に置く、表編み1目、糸を編み地の手前に置く、すべり目1目、糸を編み地の向こう側に置く、左上2目1度、糸を編み地の手前に置く、表編み1目、糸を編み地の手前に置く、すべり目1目。
次の段：裏編み1目、糸を編み地の向こう側に置く、すべり目1目、糸を編み地の手前に置く、裏編み3目、糸を編み地の向こう側に置く、すべり目1目、裏編み1目。
最後の段：＊糸を編み地の手前に置く、すべり目1目、表編み1目＊以降を最後まで続ける、糸を編み地の手前に置く、すべり目1目。
すべての目を伏せ目にします。

右のレッグウォーマー
左のレッグウォーマーと同じですが、足首のカフが左になるようにレッグウォーマーを置いてから拾い目をします。

仕上げ

タブを軽く締めて届く位置にボタンを縫いつけます。これでレッグウォーマーがずり落ちるのを予防します。できれば、赤ちゃんに履かせてぴったりな位置にボタンをつけるとよいでしょう。どちらにしても、ボタンは成長に合わせて位置を変えることができます。もう1つのレッグウォーマーにも同じことをします。糸の端を編み込み、ブロッキングします。

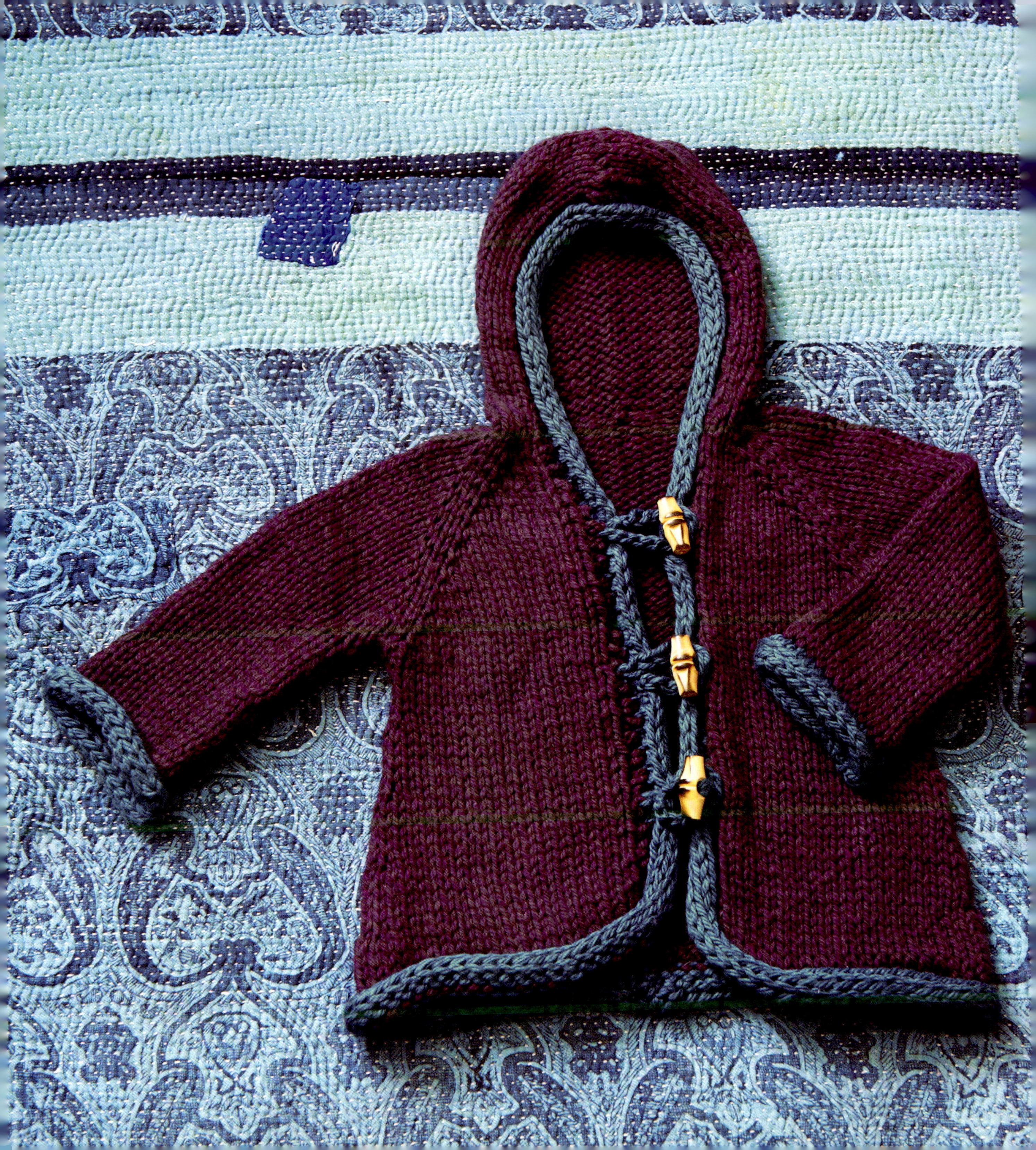

ハンナ・ジャケット

私の義理の娘のハンナは、
幼いころにこれと似たフリースのジャケットを
持っていて、
1枚の写真が残っています。
私はその写真がとても好きです。
石畳に落ちた、小さな赤い葉を
拾おうとかがんでいる姿は、
まるで木の葉の妖精のようにみえます。

サイズ

0-3ヵ月（3-6ヵ月、6-12ヵ月、以下この順番で表記）
（写真は3-6ヵ月）

材料

メインカラー：スパッド・アンド・クロエ・セーター
（7516 Grape Jelly）100g×2かせ

コントラストカラー：スパッド・アンド・クロエ・セーター（7507 Moonlight）100g×1かせ

11号（US 5.5mm）長さ40cmと10号（US 5mm）長さ40cmの輪針、10号（US 5mm）の両端がとがった棒針5本組、かぎ針1本、

小さな木製のトグルボタン3つ、目数リング4つ、コントラストカラーのシルケット・コットン糸少々、とじ針、針と糸

ゲージ

メリヤス編み（10号、US 5mm棒針）17目26段で10cm四方

パターン

❋ ヨーク ❋

11号（US 5.5mm）の輪針、メインカラーとシルケットコットン糸を使い、別糸の作り目「p.12を参照」で24目（28目、32目）。

1段め（裏側）：表編み1目、裏編み3目（4目、5目）、目数リングをつける、裏編み4目、目数リングをつける、p8（10、12）、目数リングをつける、裏編み4目、目数リングをつける、最後まで裏編み、表編み1目。

ラグラン袖：裏編み1目、＊目数リングの1目前まで表編み、増し1目、表編み1目、目数リングすべり目、表編み1目、増し目1目、＊以降を3回くり返す、最後まで表編み、裏編み1目。

※※ 次の段：表編み1目、最後まで裏編み、表編み1目。

次の段：ラグラン袖の編み方をくり返します。

　※※ 以降を、目数が128目（140目、152目）になるまでくり返します。

次の段（裏側）：表編み1目、最後まで裏編み、表編み1目。

次の段（表側）：裏編み1目、最初の目数リングまで表編み、目数リングを取り外し、予備の糸に30目（32目、34目）を通し、左袖を作る。

　巻き目で2目作り「p.13参照」、次の目数リングまで表編み、目数リングを取り外し、予備の糸に、30目（32目、34目）を通し、右袖を作る。目数リングを取り外し、巻き目で2目作り、最後まで表編み、裏編み1目。合計72目（80目、88目）。

❋ ボディ ❋

5段まっすぐ編みます。

次の段（表側）：裏編み1目、表編み16目（18目、20目）、表編みで増し目1目、表編み1目、目数リングをつける、表編み1目、表編みで増し目1目、表編み34目（38目、42目）、表編みで増し目1目、表編み1目、目数リングをつける、表編み1目、増し目1目、表編み16目（18目、20目）、裏編み1目。合計76目（84目、92目）。

※※※ 5段まっすぐ編みます。

次の段（表側）：裏編み1目、（目数リングの1目前まで表編み、増し目1目、表編み1目、目数リングすべり目、表編み1目、表編みで増し目1目）×2、最後まで表編み、裏編み1目。

※※※ 以降を2回（3回、4回）くり返します。合計88目（100目、112目）。

5段まっすぐ編みます。

次の段（表側）：表編み1段。編み地は21.5cm（24.5cm、27.5cm）の高さとなります。

すべての目を表の向きに伏せ目します。

❋ 袖 ❋

右の袖の目を編み針に通します。

1段め（表側）：1目伏せ目、最後まで表編み。

2段め（裏側）：1目伏せ目、最後まで裏編み。合計28目（30目、32目）。

＊10段（11段、12段）編みます。

次の段（表側）：両端で1目ずつ減らし目します。（表側で減らし目をする時は、表編み1目、すべり目滑り目表編み、最後に3目残るまで表編み、左上2目一度、表編み1目。裏側で減らし目をする時は、裏編み1目、裏目の2目一度、最後に3目残るまで裏編み、裏目の2目一度ねじり目、裏編み1目。）

　残る目が24目（26目、28目）になるまで＊以降をくり返します。

　袖の長さが作り目の端から22cm（23.5cm、26.5cm）になるまでまっすぐ編みます。

次の段（表側）：表編み1段。

次の段（裏側）：すべての目を伏せ目にします。

　同様に左袖を作ります。

❊ フード ❊

別糸の作り目の鎖編みの糸を引いて、慎重にほどきます。ネックラインの編み目を編み針におきます。

表側を上にして、糸を取り付けます。

次の段：裏編み1目、増し目1目、表編み4目（6目、8目）、増し目1目、表編み7目、増し目1目、表編み7目、増し目1目、表編み4目（6目、8目）、表編み増し目1目、裏編み1目。合計29目（33目、37目）。

次の段：表編み1目、最後まで裏編み、表編み1目。

次の段：裏編み1目、増し目1目、表編み5目（7目、9目）、増し目1目、表編み8目、増し目1目、表編み8目、増し目1目、表編み6目（8目、10目）、表編み増し目1目、裏編み1目。合計34目（38目、42目）。

次の段：＊表編み1目、最後まで裏編み、表編み1目。

次の段：裏編み1目、最後まで表編み、裏編み1目。

フードの長さが16cm（18cm、20cm）になるまで＊以降をくり返し、最後は裏編みの段で終わり、2つの編み地をメリヤスとじ「p.17を参照」でとじ合わせます。

次の段：表編み17目（19目、21目）を編んで返します。

仕上げ

糸の端を縫い込み、袖を縫い合わせます。

❊ 袖の縁取り ❊

表側を上にして、両端がとがった棒針とコントラストカラーを使用して、袖のつなぎ目から袖のカフの伏せ目のある縁にそって表編み24目（26目、28目）。筒状になるようにつないで編みます。表編みで1周します。

ケーブルキャストオン「p.13を参照」で作り目3目。

次の周：＊表編み2目、裏目の2目一度、右の編み針から左の編み針にすべり目し、糸を編み地の後ろ側で引き締めます。4目残るまで＊以降をくり返します。

糸を切って、長い尾が出ているような状態にします。残った4目にその尾を通します。ひも状に編みあがった端どうしを縫い合わせます。

2つめの袖も同様にします。

❊ ボディの縁取り ❊

背中の下の中央から始めます。10号（US 5mm）の輪針とコントラストカラーを使い、背中の右に向かって44目（50目、58目）、前身頃の右から38目（44目、50目）フード周りを36目（38目、40目）、前の左側から38目（44目、50目）、背中の左から背中中央に向かって44目（50目、58目）拾います。全体が軸になるようつなぎます。（背中の裾を1目ずつ拾い、前身頃の右、フードまわり、前身頃の左は3段ごとに2目拾ってもよいでしょう）

次の周：最後まで表編み。

左の編み針で、巻き目で3目作る「p.13を参照」。

次の周：＊表編み2目、裏目の2目一度、右の針から左の針にすべり目、糸を引き締める、＊以降を最後までくり返します。

長めに糸を切り、最後の4目に通します。縁取りと一緒に縫います。

糸の端を編み込みます。

❊ トグルとひも ❊

コントラストカラーの糸とかぎ針を使って、鎖編みを8cm編み、輪にして写真のようにジャケットに縫いつけます。同様に合計3つのひもをつけます。トグルをひもと反対側につけます。

ハニカム・ブランケット

同心の四角をデザインした、気軽かつ多目的に使えるこのブランケットは、エリザベス・ジマーマンの有名な「サプライズ・ジャケット」からヒントを得ました。ブランケットですが、おくるみとして大人のひざかけとして大いに活躍しました。ほっとする心地よさを持つこのブランケットは、メリヤス編み、ガーター編み、砂時計に似たハニカム編み、というように、飽きない程度にパターンが変化します。

サイズ

約 80cm×80cm

材料

マラブリゴ・ウーステッド（19 Pollen）100g×4 かせ
13号（US 6mm）の両端がとがった棒針5本組、スペアの13号（US6mm）の両端がとがった棒針、
長さ30cmから80cmの輪針
※何本必要かは好みや細かい編み目にどの程度慣れているかによります。輪針を何本も買う必要がないように、多くのニッターが Addis 社や Denise 社の針先の交換が可能な編み針を使っています。
目数リング ×9

ゲージ

メリヤス編み（13号、US6.0mm 棒針）16目26段で10cm四方

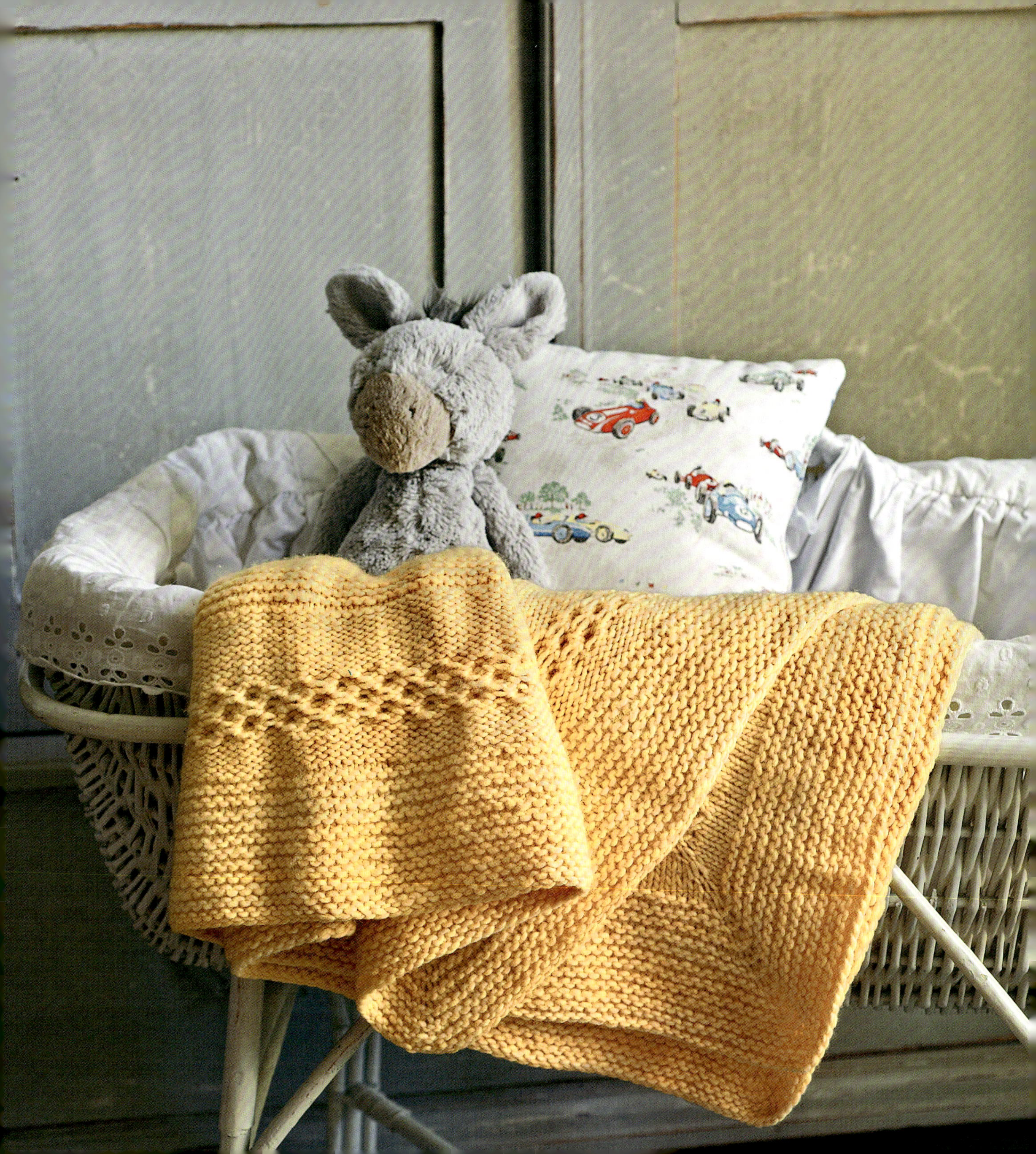

ノート

このブランケットは、中央から外に向かって、端で増し目をしながら大きな四角形に編んでいきます。

略語

C2F：針の2番目の目の手前で表編み1目、1番目を表編み1目、両方の目をすべり目。
C2B：針の2番目の目の向こう側で表編み1目、1番目を表編み1目、両方の目をすべり目

パターン

❋ セットアップ ❋

最初のステップがもっとも難しく、ここからダウンヒルが始まるようなものです。両方がとがった棒針を使い（マジックループ「p.15を参照」に慣れている場合は、とても長い輪針を使いましょう）、4目作り目をします。それを4本の針に1目ずつ分け、輪に編んでいきます。

最初の周：（表編み1目、糸を編み地の手前に置く、表編み1目）最初の目に表編みをし、編み針を外さず、糸を編み地の手前に置いて、もう一度表編みをします。これをそれぞれの目に行い1周したら目数リングを通す。合計12目/1セット3目。
次の周：最後まで裏編み
次の周：＊表編み1目、増し目1目、目数リングをつける、表編み1目、目数リングをつける、増し目1目、表編み1目、＊以降を周の最後までくり返します。合計20目/1セット5目。

❋ ガーター編みのセクション ❋

次の周：最後まで裏編み
次の周：＊目数リングまで表編み、増し目1目、目数リングすべり目、表編み1目、目数リングすべり目、増し目1目、＊以降を周の終わりまでくり返す（28目/1セット7目）最後の2段を60目/1セット15目になるまでくり返します。

もっとも短い輪針に持ち替えて、最後の2段を100目/1セット25目になるまでくり返します。

❋ メリヤス編みのセクション ❋

次の周：＊最後まで表編み。
次の周：＊目数リングまで表編み、増し目1目、目数リングすべり目、表編み1目、目数リングすべり目、増し目1目、＊以降を輪の最後までくり返します。合計108目/1セット27目
上記の最後の2段を、目数が188目/1セット47目になるまでくり返します。

❋ ハニカム編みのセクション ❋

次の周：＊C2F、C2B、＊以降を輪の最後までくり返します。
次の周：＊目数リングまで表編み、増し目1目、目数リングすべり目、表編み1目、目数リングすべり目、増し目1目、＊以降を周の終わりまでくり返します。合計196目/1セット49目。
次の周：＊C2B、C2F、＊以降を輪の最後までくり返します。
次の周：＊目数リングまで表編み、増し目1目、目数リングすべり目、表編み1目、目数リングすべり目、増し目1目、＊以降を周の最後までくり返します。合計204目/1セット51目。

最後の4周を、目数が252目/1セット63目になるまでくり返します。必ず目数リングの位置を確かめること。目数リングの後の1目は、ケーブル編みに入る時は編まないが、メリヤス編みでは編みます。またメリヤス編みの増し目は、2方向に目が離れるまで編みます。その後に続くケーブル編みでは、CRBまたはC2Fのどちらかを適宜行います。

次のメリヤス編みのセクションを、目数が300目/1セット75目になるまで編みます。
次のガーター編みのセクションを、目数が324目/1セット81目になるまで編みます。
次のメリヤス編みのセクションを、目数が372目/1セット93目になるまで編みます。
次もハニカムセクションを、目数が404目/1セット101目になるまで編みます。
次のメリヤス編みのセクションを、目数が420目/1セット105目になるまで編みます。
次のガーター編みのセクションを、目数が508目/1セット127目になるまで編みます。

裏目の方向にゆるく伏せ目をします（ワンサイズ太い針に持ち替えるとやりやすい）。

糸の端を編み込みます。

仕上げ

　編み地をぬるま湯をためたシンクに入れ、平らな場所にタオルを敷いた上におき、四すみを引いて四角に伸ばします。
　それぞれの四角い模様が、干すときに適度にふぞろいであるようにしましょう。あまり伸ばし過ぎないように。無理やり大きく広げる必要はありませんし、ハニカム模様がゆがむのも困ります。

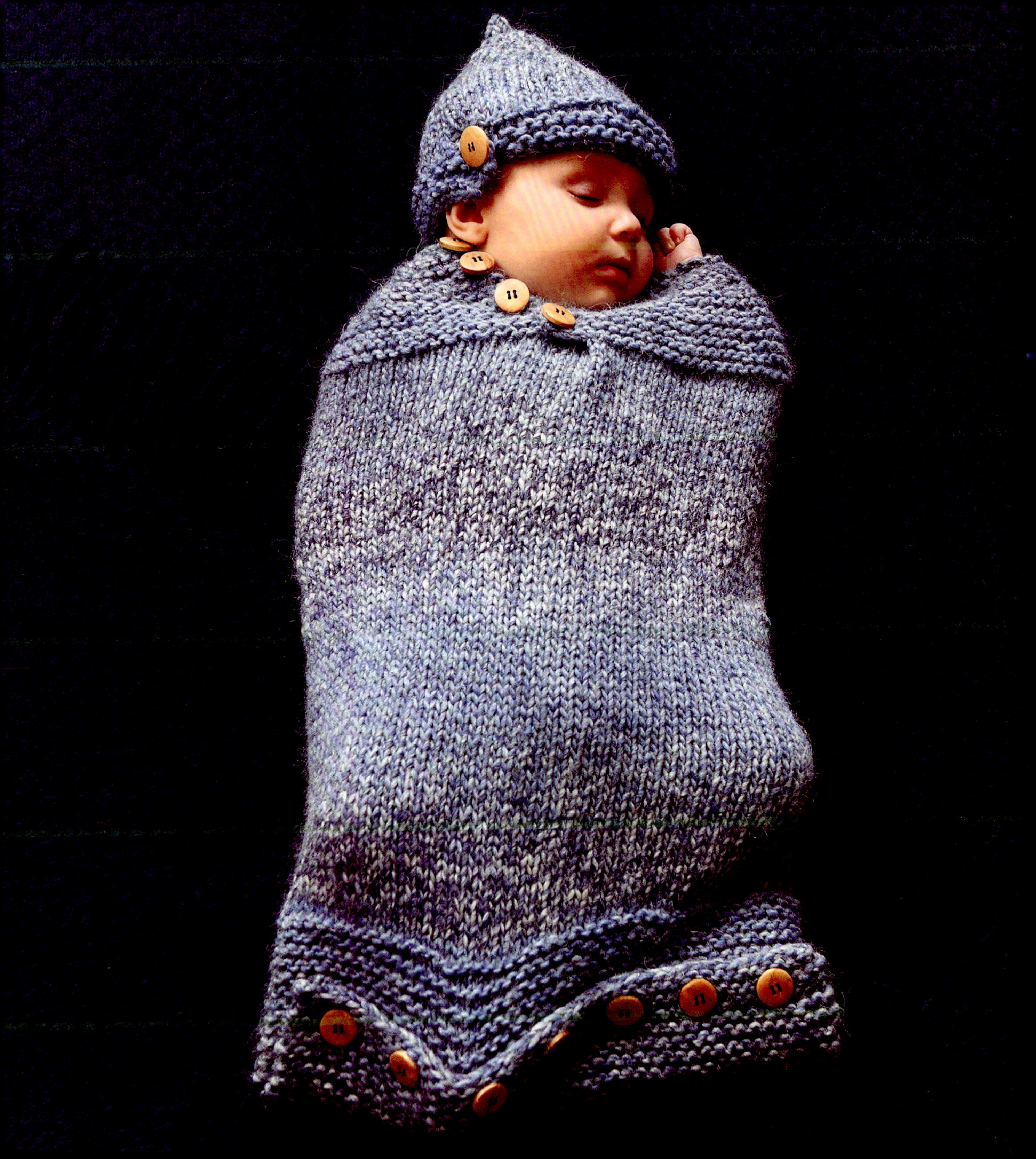

ベビー・コジー（おくるみ）

マイレは冬生まれだったので、暖めるものをたくさん編まなくては、と思っていました。私の家は本当に寒くなることがあるので、ぽかぽかと暖かく彼女を守ってくれるものを作りたかったのです。これは寝袋のようなものです。いつもブランケットをけとばしてしまう彼女にはぴったりでした。

サイズ
　0-3ヵ月（3-6ヵ月、6-12ヵ月、以下この順番で表記）
写真は6-12ヵ月

材料
　コジー：デビー・ブリス・グレン（08 Light Blue and Silver Marl）50g×3
　帽子：デビー・ブリス・グレン（08 Light Blue and Silver Marl）50g×1
　15号（US 6.5mm）の輪針、
　7mmの両端がとがった棒針5本組、
　とじ針、糸と針、目数リング、
　直径18mmのボタン11個、
　直径20mmのボタン1個

ゲージ
　コジー：メリヤス編み（15号、US 6.5mm 棒針）14.5目22段で10cm四方
　帽子：メリヤス編み（7mmの棒針）16目19段で10cm四方

パターン

❋ 襟 ❋

15号（US 6.5mm）の輪針を使って作り目32目。

ガーター編み2段。

次の段：表編み2目、糸を編み地の手前に置く、表編み2目、＊表編み増し目1目、表編み2目、＊以降を最後までくり返します。合計47目。

ガーター編み5段。

次の段：表編み2目、糸を編み地の手前に置く、表編み4目、増し目1目、＊表編み3目、増し目1目、＊以降を2目残るまでくり返し、表編み2目。合計62目。

ガーター編み5段

次の段：表編み2目、糸を編み地の手前に置く、表編み6目、増し目1目、＊表編み4目、増し目1目、＊以降を2目残るまでくり返し、表編み2目。合計77目。

ガーター編み5段

次の段：表編み2目、糸を編み地の手前に置く、表編み8目、増し目1目、＊表編み5目、増し目1目、＊以降を2目残るまでくり返し、最後に表編み2目。合計92目。

ガーター編み3段。

次の段：段の初め4目を伏せ目、最後まで表編み。合計88目。

❋ 本体 ❋

次の段：輪に編むために両端をつなぎます。表編み68目をしたら、周の終わりが分かるように目数リングをつけます。メリヤス編みの部分が30cmになるまでメリヤス編みをします。ガーター編みを10cmしたら、最後の1周を裏編みします。

❄ フラップ ❄

次の段：伏せ目 43 目、最後まで表編みをします。合計 45 目。

輪編みでなくまっすぐにガーター編みを 6cm して、最後の段を裏編みします。

ボタンホールの段：表編み 4 目、＊糸を編み地の手前に置く、左上 1 目一度、表編み 4 目、＊以降を 5 目残るまでくり返し、糸を編み地の手前において、左上 2 目一度、表編み 3 目。

ガーター編み 3 段。

すべての目を伏せ目します。

仕上げ

糸の端を編み込みます。直径 18mm のボタンを、ボタンホールの反対側に縫いつけます。ボタンホールは、首元にあり、端から外に向かって並んでいます。

帽子

7mm の両端がとがった棒針で作り目 4 目。

アイ・コード 4 段「p.14 を参照」

4本の編み針に等分に目を分けて輪に編めるようにします。

次の周：すべての目で編み出し増目。合計 8 目。

次の周：表編み 1 周。

次の周：すべての目で編み出し増目。合計 16 目。

次の周：最後まで表編みをします。

次の周：＊表編み 1 周。

次の周：（針の最後まで表編み、針と針の間のスペースに増し目 1 目）を 1 周。＊以降を目数が 48 目になるまでくり返します。
表編み 6 周。

次の周：巻き目の作り目「p.13 を参照」で作り目 4 目、段の終わりまで裏編み。つなぎ合わせず、段数を増やせるよう裏返します。

次の段：最後まで裏編み。

次の段：裏編み 2 目、かけ目、裏目の 2 目一度、最後まで裏編み
ガーター編み 3 段。

ゆるく伏せ目します。

仕上げ

糸の端を編みこみます。直径 20mm のボタンをボタンホールの反対側に縫いつけます。

ブルマ

レース編みのフリルがついた、昔ながらのブルマ。
ノート；片方の足を裾から上に向かって、
クロッチの高さまで棒針で編み、
もう一方の足も同様に、輪針で編みます。
ただしここでは筒状に編むのではなく、
まっすぐに編みます。
両方の足を輪針でつなぎ、
ウエスト部分を輪編みします。

サイズ
0-3ヵ月（3-6ヵ月、6-12ヵ月、以下この順番で表記）
（写真は0-3ヵ月と6-12ヵ月）

材料
デビー・ブリス・カシメリノ・アラン（603 Pink）50g ×2
10号（US 5mm）の両端がとがっている編み針1セット、10号（US 5mm）長さ40cmの輪針、
とじ針、幅1.5cmのゴム、針と糸、直径18mmのボタン1個

ゲージ
メリヤス編み（10号、US 5mm 棒針）21目28段で10cm四方

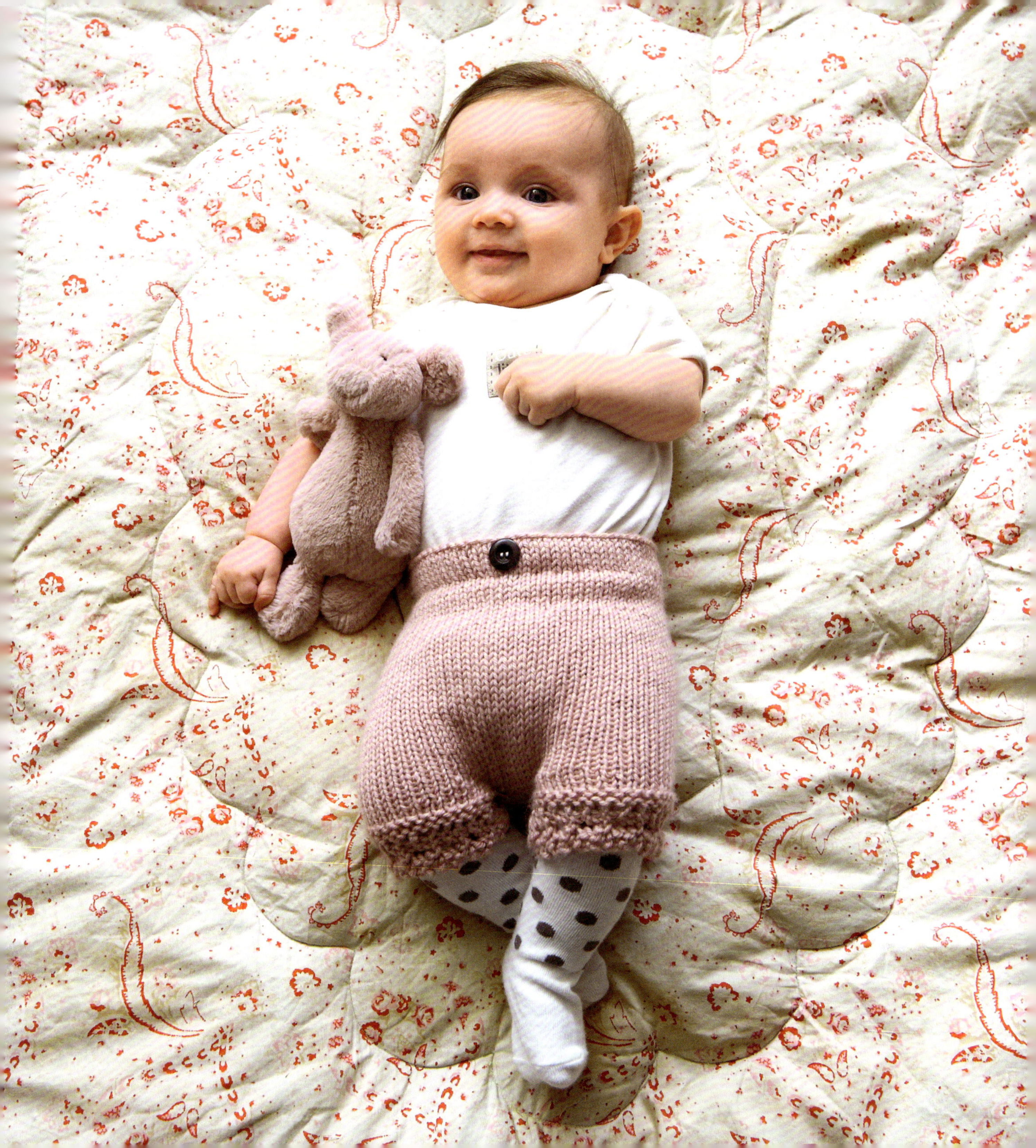

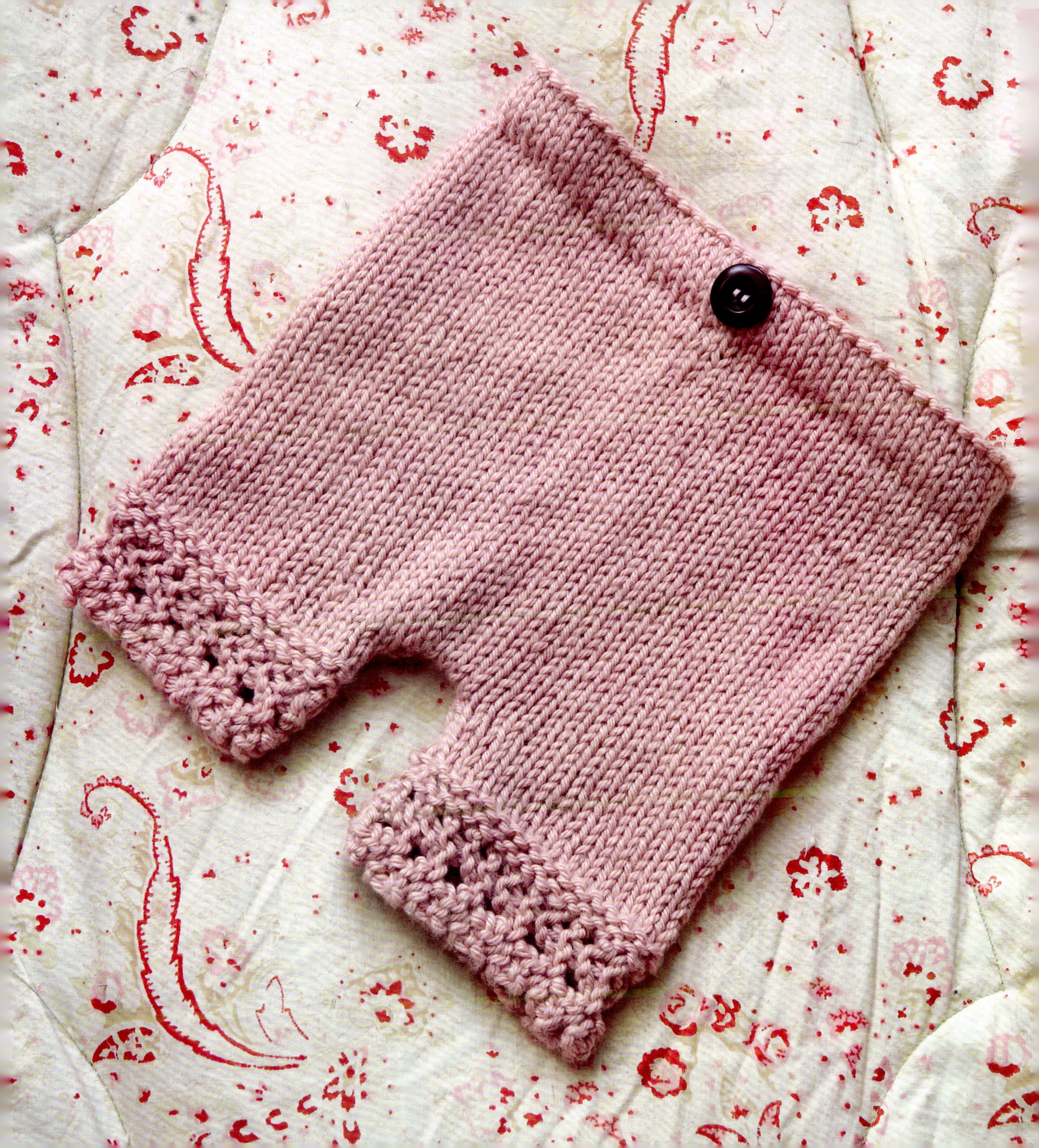

パターン

❋ 縁取り（2つ製作）❋

10号（US 5mm）の編み針で作り目4目。
セットアップの段：最後まで表編み。
1段め：表編み2目、糸を編み地の手前に置く、表編み2目、糸を編み地の手前に置く、表編み2目。合計6目。
2段め：表編み3目、すべり目1目、表編み2目。
3段め：最後まで表編み。
4段め：すべり目1目、伏せ目2目、表編み3目、4目。
1段めから4段めを高さが18cm（20cm、22cm）になるまでくり返します。
すべての目を伏せ目。

❋ 足 ❋

1段め：フリルのない端にそって、10号（US 5mm）の編み針で拾い目34目（38目、42目）。
次の段（裏側）：最後まで表編み。
次の段（表側）：最後まで表編み。
次の段（裏側）：最後まで表編み。
メリヤス編みで4段（4段、6段）、最初の段は表編み ❋❋
いったん休ませます。
10号（US 5mm）の輪針を使って、もう一方の足を、上記の最初から❋❋までと同じ手順で作る。

❋ 足をつなげる ❋

次の段：2本目の足に表編み。巻き目の作り目「p.13を参照」で作り目4目、1本目の足に表編み、作り目4目、目数リングをつける、全体を輪にします。合計76目（84目、92目）。
メリヤス編み16cm（18cm、20cm）。

❋ ウェストバンド ❋

次の周：周の最後まで裏編み。
メリヤス編み2cm。
糸を長く残して切ります。

仕上げ

ゴムを長さ40cm（42cm、44cm）に切り、2cm重ねて輪にします。針と糸で重なった部分を縫いつけます。
とじ針と、ウェストバンドの編み終わりの長い糸を使って、ゴムを次のようにウェストバンドに編みこみます。
糸を通したとじ針を、編み針にかかっている目に通し、編み針から糸を外します。ゴムを超えて端から4cmにある目にとじ針を通します。また編み針にかかっている別の目に通して、それを外し、ゴムを超えて対応する目に通します。これをくり返して、ゴム全体をウェストバンドの中に縫いこみます。
クロッチと足の縫い目を合わせて縫います。
ウェストバンドに写真のようにボタンを縫いつけます。
糸の端を編みこみます。

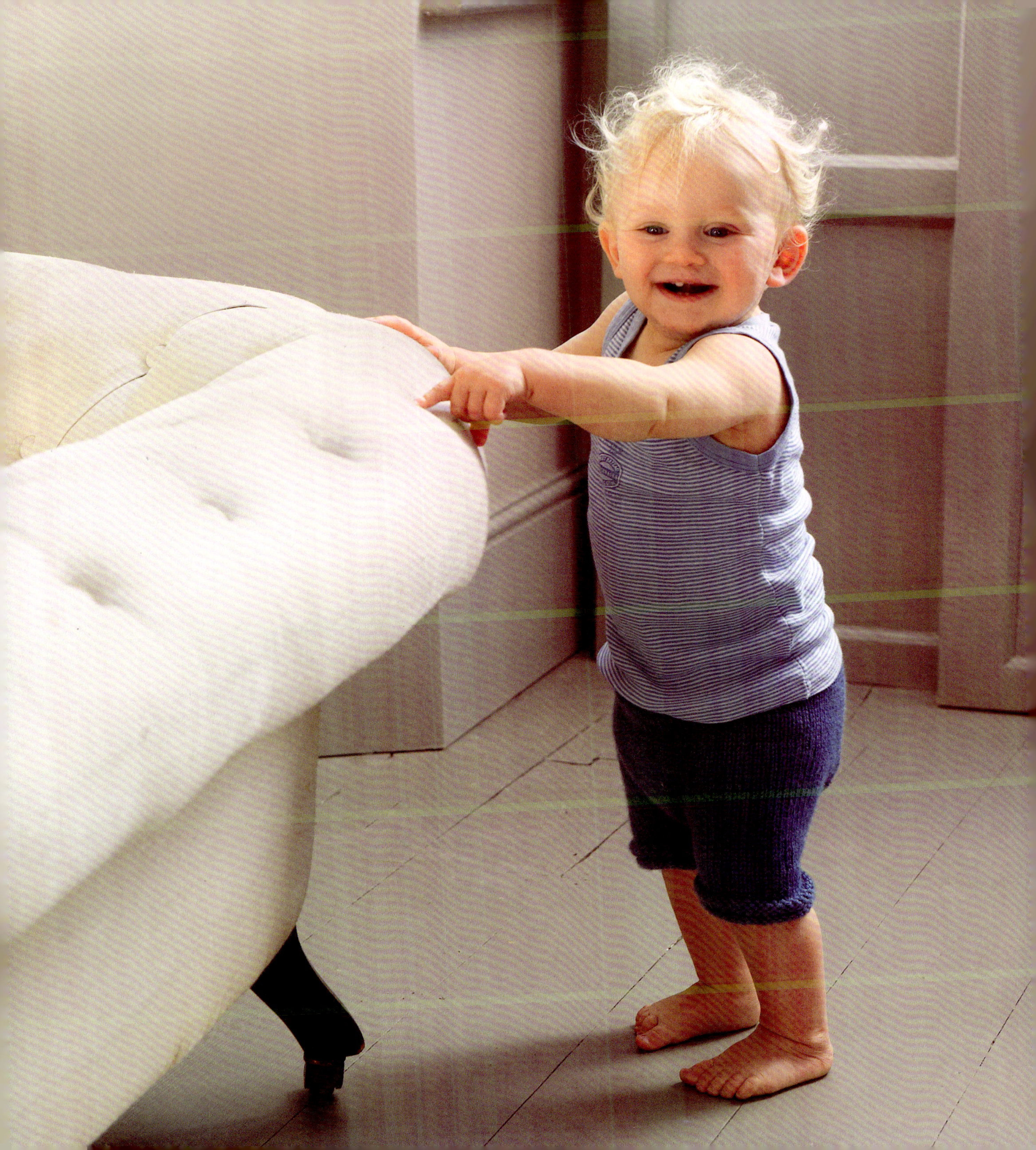

ショーツ

男の子らしい、ショーツです。
ノート：片方の足を裾から上に向かって、
クロッチの高さまで棒針で編み、
もう一方の足も同様に、輪針で編みます。
ただしここでは筒状に編むのではなく、
まっすぐに編みます。
両方の足を輪針でつなぎ、
ウエスト部分を輪編みします。

サイズ

0-3ヵ月（3-6ヵ月、6-12ヵ月、以下この順番で表記）
（写真は6-12ヵ月）

材料

デビー・ブリス・カシメリノ・アラン（205 Periwinkle）50g×2

10号（US 5mm）の両端がとがっている編み針1セット、10号（US 5mm）長さ40cmの輪針、

とじ針、幅1.5cmのゴム、針と糸、直径18mmのボタン1個

ゲージ

メリヤス編み（10号、US 5mm 棒針）21目28段で10cm四方

パターン

❋ 足 ❋

1段め：10号（US 5mm）の編み針で拾い目34目（38目、42目）。
次の段：最後まで裏編み
次の段：最後まで表編みをします。
　　　　裏編みを2段します。
次の段：最後まで表編みをします。
　　　　裏編みを2段します。
次の段：最後まで表編みをします。
　　　　裏編みを2段します。
　　　　最初の段を表編みで、メリヤス編み4段（4段、6段）。**10号

(US 5mm) の輪針を使って、もう一方の足を、上記の最初から**までと同じ手順で作る。

❋ 足をつなげる ❋

次の段：2本目の足に表編み。巻き目の作り目「p.13を参照」で作り目4目、1本目の足に表編み、作り目4目、目数リングをつける、全体を輪にします。合計76目（84目、92目）。
　　メリヤス編み 16（18、20）cm。

※ **ウエストバンド** ※

次の周：周の最後まで裏編み。
メリヤス編み 2cm。
糸を長く残して切ります。

仕上げ

ゴムを長さ 40cm (42cm、44cm) に切り、2cm 重ねて輪にします。針と糸で重なった部分を縫いつけます。

とじ針と、ウエストバンドの編み終わりの長い糸を使って、ゴムを次のようにウエストバンドに編みこみます。

糸を通したとじ針を、編み針にかかっている目に通し、編み針から糸を外します。ゴムを超えて端から 4cm にある目にとじ針を通します。また編み針にかかっている別の目に通して、それを外し、ゴムを超えて対応する目に通します。これをくり返して、ゴム全体をウエストバンドの中に縫いこみます。

クロッチと足の縫い目を合わせて縫います。
ウエストバンドに写真のようにボタンを縫いつけます。
糸の端を編みこみます。

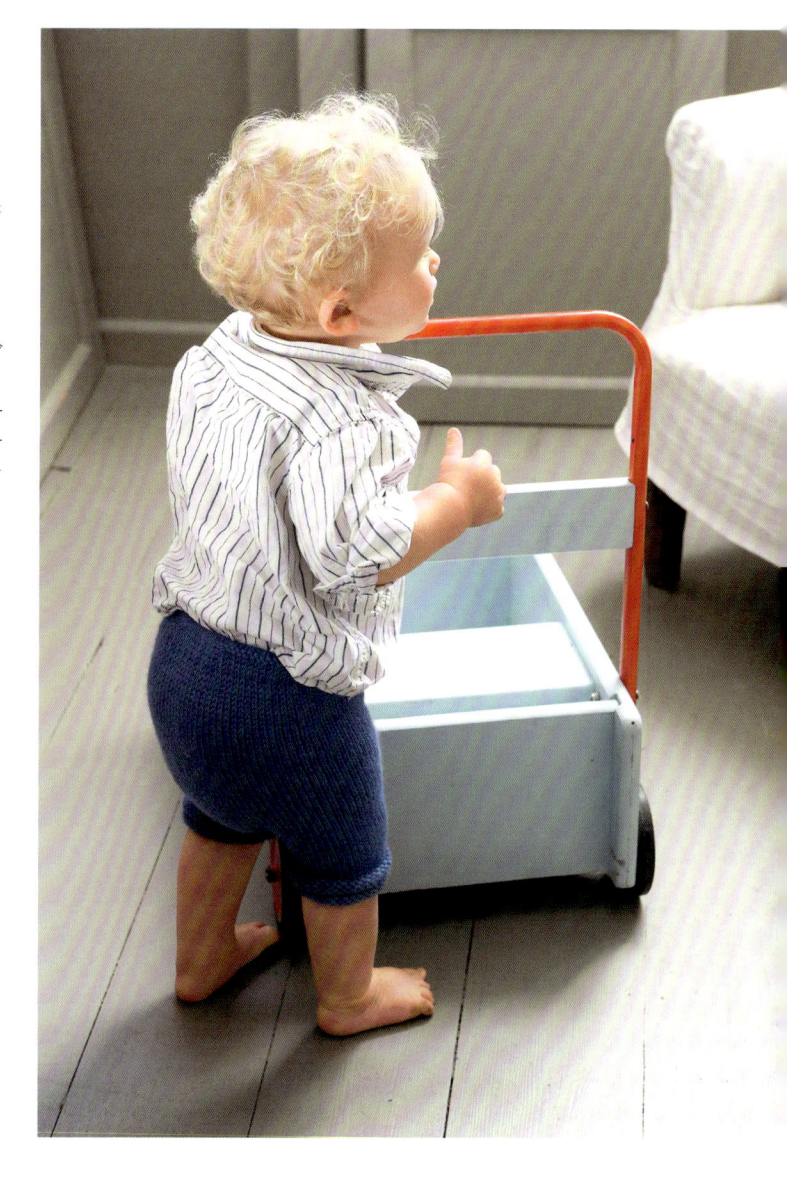

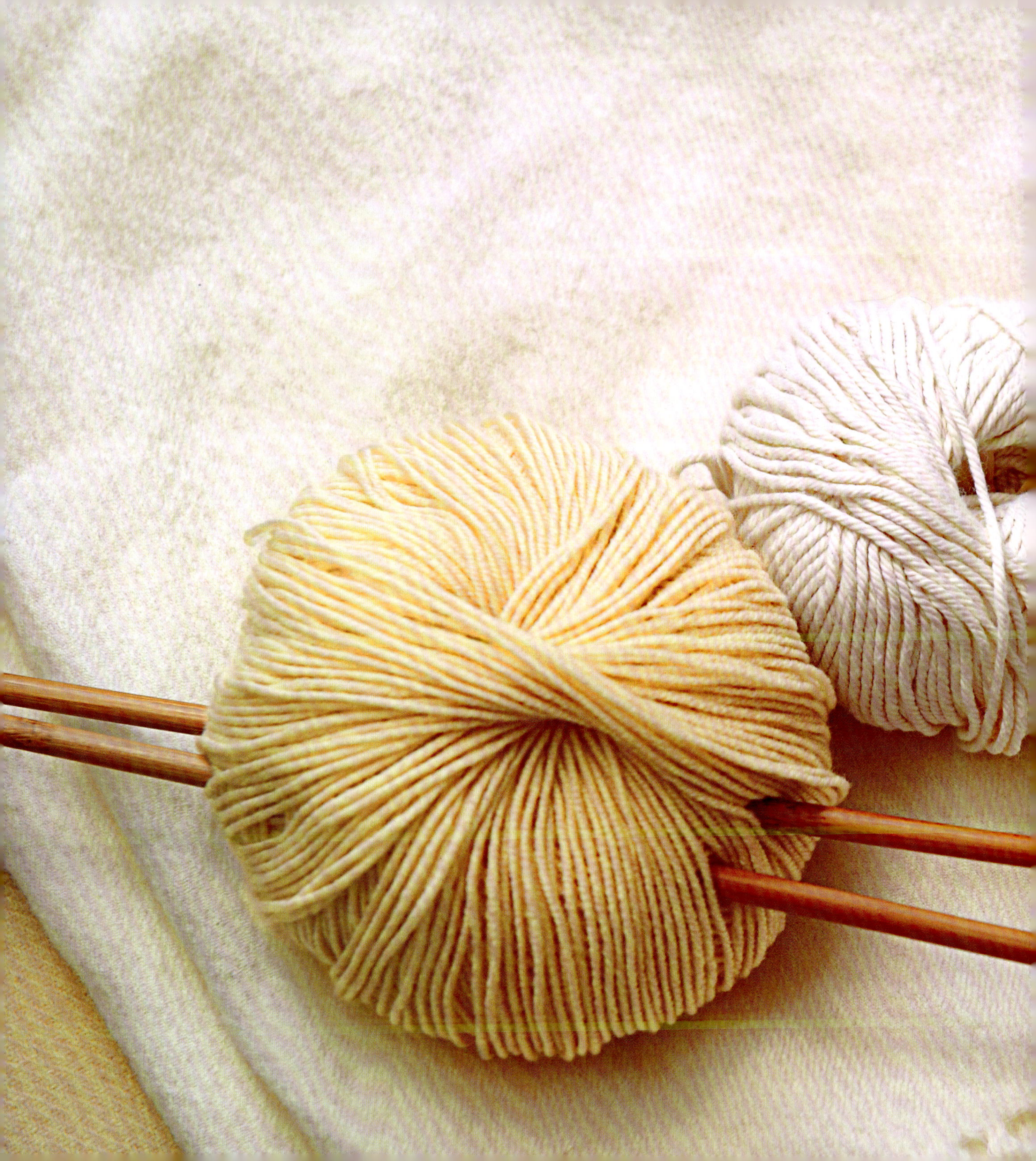

妊娠中期に編みたいもの

お腹がふくらみ始め、わくわくした気持ちになるこの時期。
だんだん編みたいものが増えてきます。
チュチュやプリーツのドレスなど、女の子らしいパターンに挑戦するもよし。
あくまでも多用途で実用的な、
カーディガンやセーターにするのもいいでしょう。

マイレのカーディガン

これは娘のためにデザインした、
とても思い入れのあるパターンです。
マイレとは、ハワイ固有の香りの良いつる性の植物で、
伝統的に特別なレイの材料として使われます。
私の夫と私は、
そのマイレのレイをかけて結婚式をあげました。
このカーディガンの葉の柄は、
そのスタイルをイメージしています。

サイズ

0-3ヵ月 (3-6ヵ月、6-12ヵ月、以下この順番で表記)、写真は3-6ヵ月

材料

マデリントッシュ・トッシュ・ソック (Kale) 100g ×1

その他、ドリーム・イン・カラー (Smooshy)、マラブリゴ・ヤーン (Sock)、プライマウス・ヤーン・ソック (Happy Feet) でも良い。

5号 (US 3.5mm) 長さ40cmの輪針、5号 (US 3.5mm) の両端がとがった棒針5本セット (あれば)、

ほつれ止め3個または予備の糸、目数リング数個、とじ針、針と糸、4×15mmのボタン4個

ゲージ

メリヤス編み5号 (US 3.5mm) 26目36段で10cm四方

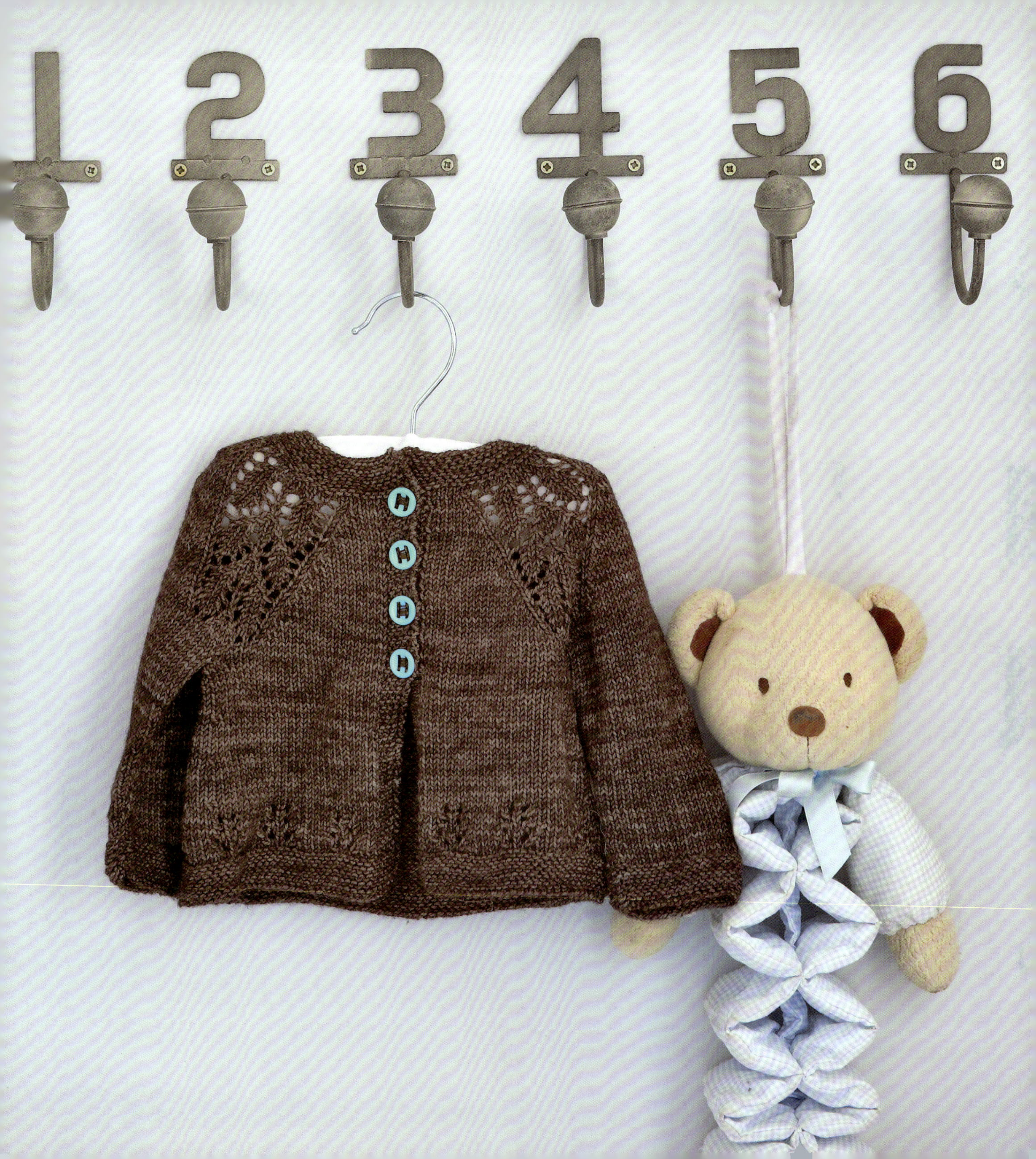
1 2 3 4 5 6

レース・パターン1

1、5、7段目：表編み3目、左上2目一度、糸を編み地の手前に置く、表編み1目、糸を編み地の手前に置く、むこう側から針を入れて1目すべり目、表編みで1目、すべり目した目をかぶせる、＊表編み5目、左上2目一度、糸を編み地の手前に置く、表編み1目、糸を編み地の手前に置く、むこう側から針を入れて1目すべり目、表編みで1目、すべり目した目をかぶせる、＊以降を最後に3目残るまでくり返し、表編み3目。

2、4、6段目：最後まで裏編み。

3段目：表編み1目、左上2目一度、糸を編み地の手前に置く、表編み3目、糸を編み地の手前に置く、むこう側から針を入れて1目すべり目、表編みで1目、すべり目した目をかぶせる、＊表編み3目、左上2目一度、糸を編み地の手前に置く、表編み3目、糸を編み地の手前に置く、むこう側から針を入れて1目すべり目、表編みで1目、すべり目した目をかぶせる（1目減らす）、＊以降を2目残るまでくり返し、表編み2目。

レース・パターン2

1段目：（表編み1目、糸を編み地の手前に置く）×2、むこう側から針を入れて1目すべり目、表編みで2目一度、すべり目した目をかぶせる（2目減らす）、表編み3目、左上2目一度、（糸を編み地の手前に置く、表編み1目）×2。合計13目。

　　2、4、6、8、10段目：最後まで裏編み。

3段目：表編み1目、糸を編み地の手前に置く、表編み3目、糸を編み地の手前に置く、むこう側から針を入れて1目すべり目、表編みで1目、すべり目した目をかぶせる、表編み1目、左上2目一度、糸を編み地の手前に置く、表編み3目、糸を編み地の手前に置く、表編み1目。合計15目。

5段目：表編み1目、糸を編み地の手前に置く、むこう側から針を入れて1目すべり目、表編みで1目、すべり目した目をかぶせる、表編み1目、左上2目一度、糸を編み地の手前に置く、むこう側から針を入れて1目すべり目、表編みで2目一度、すべり目した目をかぶせる（2目減らす）、糸を編み地の手前に置く、むこう側から針を入れて1目すべり目、表編みで1目、すべり目した目をかぶせる、表編み1目、左上2目一度、糸を編み地の手前に置く、表編み1目。合計13目。

7、9段目：表編み1目（糸を編み地の手前に置く、むこう側から針を入れて1目すべり目、表編みで1目、すべり目した目をかぶせる、表編み1目、左上2目一度、糸を編み地の手前に置く、表編み1目）×2。

パターン

❋ ボディ ❋

5号（US 3.5mm）の輪針を使用して、作り目131（141、151）目。ガーター編みで輪にせずに11段編みます。

＊**次の段（裏側）**：表編み5目、最後に5目残るまで裏編み、表編み5目。

次の段（表側）：表編み5目、レース・パターン1を最後に5目残るまで行い、表編み5目。

　＊以降をくり返し、レース・パターン1を合計7段作ります。上記のように、2、4、6段目の最後5目は表編みになります。

次の段（裏側）：表編み5目、最後に5目残るまで裏編み、表編み5目。

次の段：表編み33（35、37）目、目数リングをつける、表編み65（71、77）目、目数リングをつける、表編み33（35、37）目。

次の段：表編み5目、最後に5目残るまで裏編み、表編み5目。

＊＊**次の段**：（目数リングの3目前まで表編み、右上2目一度、表編み1目、すべり目1目・目数リング、表編み1目、左上2目一度）×2、最後まで表編み。合計127（137、147）目。

　7（9、11）段を、最後の5目はボーダーとなるように編みます。

　＊＊以降をさらに2回くり返します。合計119（129、139）目。

　高さが11cm（13cm、15cm）、最後が表側の段になるように、メリヤス編みをします。

次の段（裏側）：（表編み5目、目数リングの2目前まで裏編み、伏せ目4目）×2、5目残るまで裏編み、表編み5目、合計111（121、131）目。

編み目をほつれ止めに通しておきます。

❋ 袖（2枚製作）❋

5号（US 3.5mm）の輪針を使用して、作り目34（38、42）目。ガーター編みで輪にせずに10段編みます。

＊**次の段（表側）**：表編み2目、表編みで1目増目、最後に2目残るまで表編み、表編みで1目増目、表編み2目。合計36（40、44）目。

　メリヤス編みで3、（5、5）段編みます。

　＊以降を3回くり返します。合計42（46、50）目。

＊＊**次の段（表側）**：表編み2目、表編みで1目増目、最後に2目残るまで表編み、表編みで1目増目、表編み2目。合計44（48、52）目。

　メリヤス編みで5、（5、7）段編みます。

　＊＊以降をさらに2回くり返します。合計48（52、56）目。

　編み地の高さが12cm（15cm、18cm）、最後が裏側の段になるように、メリヤス編みをします。

次の2段は最初の2目を伏せ目にします。合計44（48、52）目。編み目をほつれ止めに通しておきます。

❋ ヨーク ❋

ボディの編み地を針に戻します。編み地の表を上にして伏せ目4目まで表編み6目、伏せ目4目、目数リング、表編み6目、最初の袖に表編み7目、目数リング、袖の最後まで表編みし、目数リング、ボディに入り、伏せ目がくるまで表編みし、目数リング、2つ目の袖の最後7目残るまで表編みし、目数リング、表編み7目、ボディを表編み6目、目数リング、ボディの最後まで表編み。合計199目（217目、235目）。

注意：この袖は細く、つなぐのがやや難しいかもしれません。マジックループ（p.15を参照）に慣れている人は、編み針のワイヤを右手で引いて曲げ、編み目を近づけて行うと作業しやすくな

ります。あるいは、予備の両端がとがった棒針に袖の編み目をスライドさせると、スペースが増えて作業しやすくなるでしょう。

ボタンホールの段：表編み5目、最後に5目残るまで裏編み、表編み1目、左上2目一度、糸を編み地の手前に置く、表編み2目。

＊次の段（表側）：目数リング2目手前まで表編み、右上2目一度、目数リングと目数リングの間にレース・パターン2を行い、左上2目一度、（目数リング3目手前まで表編み、右上2目一度、表編み2目、左上2目一度）×2回、目数リング2目手前まで表編み、右上2目一度、目数リングと目数リングの間にレース・パターン2を行い、左上2目一度、最後まで表編み。

次の段：表編み5目、最後から5目手前まで裏編み、表編み5目。
＊をレース・パターン2は合計3回、ボタンホールは10段につき1か所ずつ、目数は合計87目（105目、123目）となるまでくり返します。

0-3ヵ月のサイズ

次の段：最後まで表編み。
次の段：最後に4目残るまで表編み、左上2目一度、糸を編み地の手前に置く、表編み2目。
次の段：＊表編み12目、左上2目一度、＊以降を最後に3目残るまでくり返し、表編み3目。合計81目。
次の段：最後まで表編み、
次の段：＊表編み12目、左上2目一度、＊以降を最後に3目残るまでくり返し、表編み3目。合計75目。
次の段：最後まで表編み。
次の段：＊表編み10目、左上2目一度、＊以降を最後に3目残るまでくり返し、表編み3目。合計69目。
次の段：最後まで表編み。

次の段：＊表編み9目、左上2目一度、＊以降を最後に3目残るまでくり返し、表編み3目。合計63目。

3-6ヵ月のサイズ

　上記（ボタンホールの段を含む）をさらに2段くり返します。合計97目。

次の段：＊表編み14目、左上2目一度、＊以降を最後までくり返し、表編み1目。合計91目。

次の段：最後まで表編み。

次の段：＊表編み13目、左上2目一度、＊以降を最後までくり返し、表編み1目。合計85目。

次の段：最後まで表編み。

次の段：＊表編み12目、左上2目一度、＊以降を最後までくり返し、表編み1目。合計79目。

次の段：最後まで表編み。

次の段：＊表編み11目、左上2目一度、＊以降を最後までくり返し、表編み1目。合計73目。

次の段：最後まで表編み。

次の段：＊表編み10目、左上2目一度、＊以降を最後までくり返し、表編み1目。合計67目。

次の段：最後まで表編み。

6-12ヵ月のサイズ

　上記（ボタンホールの段を含む）をさらに4段くり返します。合計107目。

次の段：＊表編み15目、左上2目一度、＊以降を最後に5目残るまでくり返し、表編み5目。合計101目。

次の段：最後まで表編み。

次の段：＊表編み14目、左上2目一度、＊以降を最後に5目残るまでくり返し、表編み5目。合計95目。

次の段：最後まで表編み。

次の段：＊表編み13目、左上2目一度、＊以降を最後に5目残るまでくり返し、表編み5目。合計89目。

次の段：最後まで表編み。

次の段：＊表編み12目、左上2目一度、＊以降を最後に5目残るまでくり返し、表編み5目。合計83目。

次の段：最後まで表編み。

次の段：＊表編み11目、左上2目一度、＊以降を最後に5目残るまでくり返し、表編み5目。合計77目。

次の段：最後まで表編み。

仕上げ

　編み終わりの糸を編み地に縫いこみます。袖をとじ、脇の下を縫い合わせます。

　軽くブロッキングします。ボタンホールの反対側にボタンを縫いつけます。

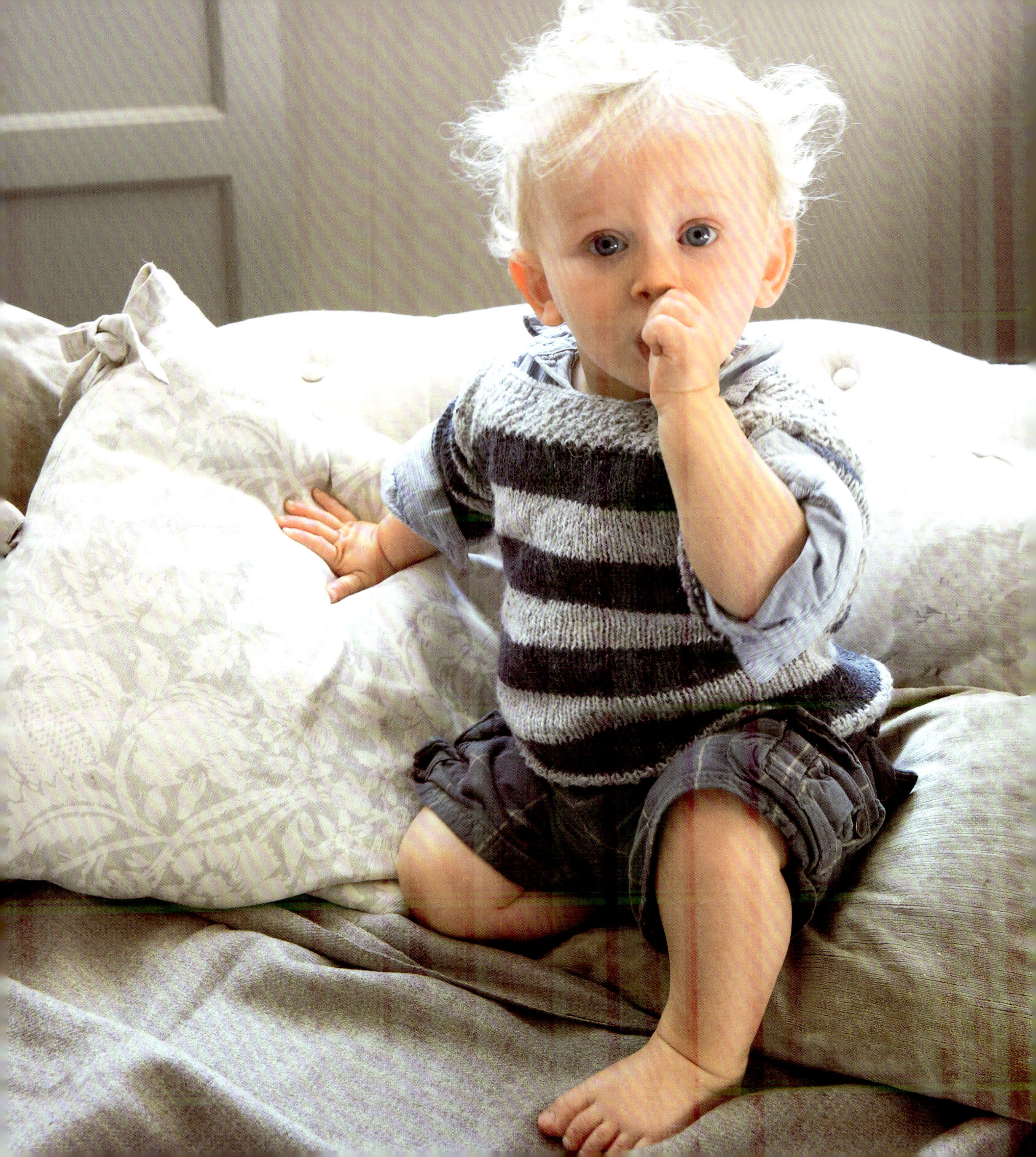

ストライプ・ボートネック・セーター

このセーターは
前身頃と後ろ身頃をまったく同じように編みます。
構成はこれ以上ないというくらい簡単ですが、
糸の質感の良さと、ためのストライプが、
このセーターの魅力です。
また首まわりが広く、軽く、ゆったりとしたデザインは、
着心地がよく実用的です。

サイズ
0-3ヵ月（3-6ヵ月、6-12ヵ月、以下この順番で表記）、写真は6-12ヵ月

材料
メインカラー：ローワン・フェルテッド・ツイードDK（165 Scree）50g×1（2、3）

コントラストカラー：ローワン・フェルテッド・ツイードDK（159 Carbon）50g×1（1、2）

6号（US 4mm）棒針1組、とじ針

ゲージ
メリヤス編み、6号（US 4mm）19.5目 31.5段で10cm四方

パターン

❋ 後ろ身頃と前身頃（合計 2 枚製作）❋

メインカラーを使用して、作り目 49（53、57）目。
以下のように、ダブル・モス・ステッチ（かのこ編み）を 4（8、8）段行います。

ダブル・モス・ステッチ

1、4段目（表側）：表編み 1 目、＊裏編み 1 目、表編み 1 目、＊以降を最後までくり返します。
2、3段目：裏編み 1 目、＊表編み 1 目、裏編み 1 目、＊以降を最後までくり返します。

0-3ヵ月と6-12ヵ月のサイズ

1、2段目にダブル・モス・ステッチを行います。

すべてのサイズ

＊コントラストカラーに変えます。6（8、10）段をメリヤス編みします。
メインカラーに変えます。6（8、10）段をメリヤス編みします。
＊以降を、5（4、4）番目のコントラストカラーのストライプが終わるまでくり返します。
メインカラーを使って、編み地が 21（25、28）cm になり、最後の段が裏側になるまでダブル・モス・ステッチを行います。
次の段（表側）：12（14、15）目はダブル・モス・ステッチを行い、25（25、27）目は伏せ目にし、最後（左肩）までダブル・モス・ステッチを行います。
右肩の編み目は針に残し、左肩が 2.5（2.75、3）cm となるまで上記のダブル・モス・ステッチを行います。
次の段：左肩を伏せ目にします。
次の段：糸をつないで右肩も、左肩と同じようにダブル・モス・ステッチを行います。

❋ 袖（2 枚製作）❋

メインカラーを使用して、作り目 30（34、36）目。
以下のように、ダブル・モス・ステッチ（かのこ編み）を 6（8、10）段行います。
1、2段目（表側）：＊表編み 1 目、裏編み 1 目、＊以降を最後までくり返します。
3、4段目：＊裏編み 1 目、表編み 1 目、＊以降を最後までくり返します。
糸をコントラストカラーに変えます。メリヤス編みで、後ろ身頃と前身頃と同様に、1 色あたり 6（8、10）段ずつ編んでストライプのパターンを作ります。
それと同時に、以下の増し目をします：
＊7（7、8）段をメリヤス編み。
次の段：2 目メリヤス編み、1 目増目、最後に 2 目残るまでメリヤス編み、1 目増目、2 目メリヤス編み。
＊以降をさらに 6 回くり返します。合計 44（48、50）目。
2（4、2）段、まっすぐに編みます。
すべての目を伏せ目にします。

仕上げ

編み終わりの糸を編み地に縫いこみます。
メインカラーを使用して、肩と袖をとじます。そして裾から、肩のつなぎ目より 10（12、13）cm までを縫い合わせます。袖と袖ぐりを縫い合わせます。
好きな大きさに広げて軽くブロッキングします。

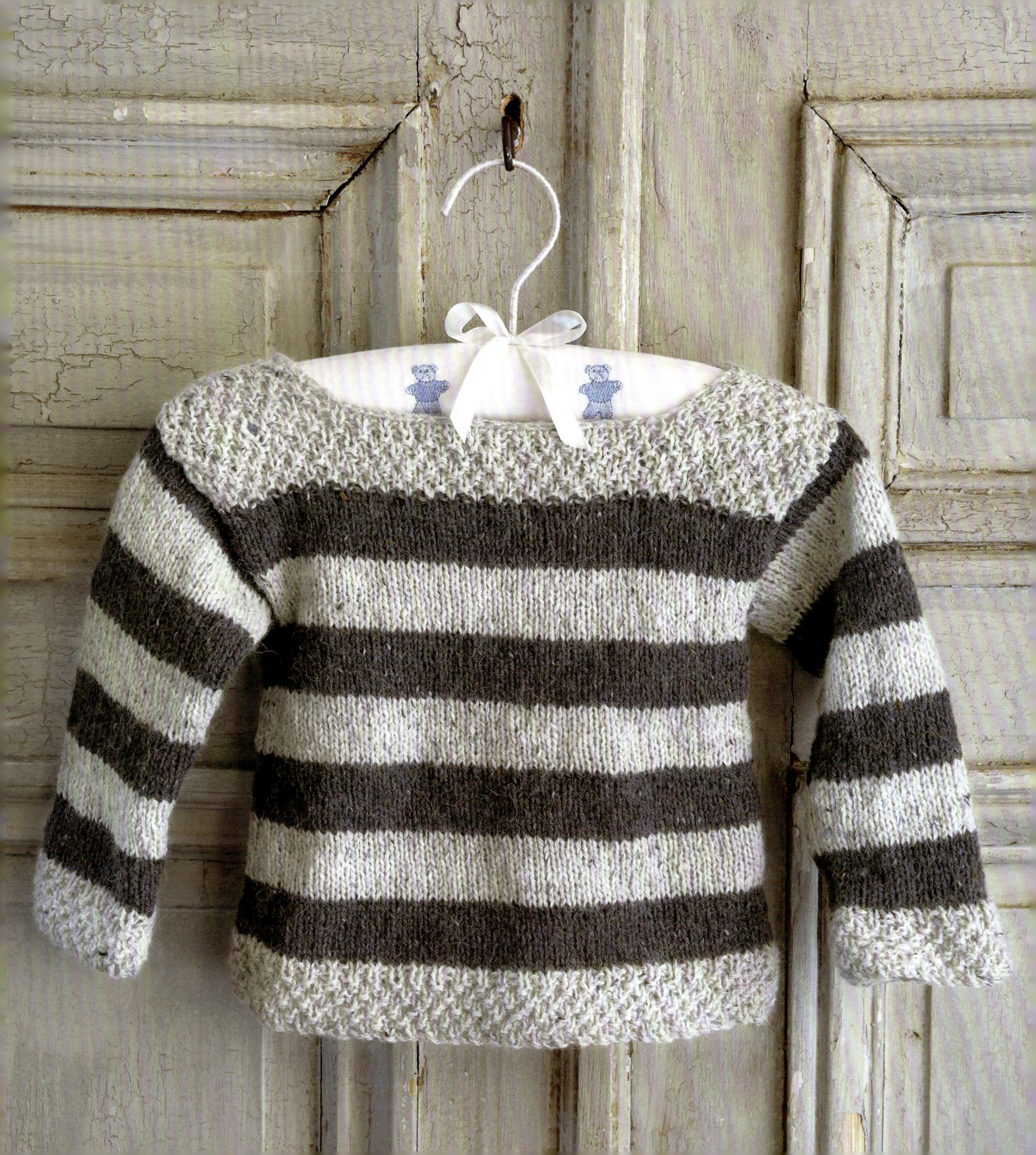

ソフィーのブラウス

私の姪のソフィーは、娘のマイレより2日年下です。
ソフィーは誰よりも早く歩き始め、話し始め、
そしていつもいちばん素敵な服を着ていました。
フリルのついたこのトップは、
ソフィーのトレードマークであるジーンズと、
クラシカルなメリー・ジェーン（ストラップのついた靴）に、
とてもよく合っていました。

サイズ

0-3ヵ月（3-6ヵ月、6-12ヵ月、以下この順番で表記）、写真は6-12ヵ月

材料

糸：プンタ・ヤーン（Punta Yarn）「Mericash Fingering Solid」（色：Pale Lavender）50g×1

6号（US 4mm）の長さ40cmの輪編み針、目数リング、6号（US 4mm）の両端がとがった棒針1組、
ケーブル・ニードル（縄編み針）または予備の6号（US 4mm）の編み針、とじ針、糸と針、
直径15mmのボタン3個

ゲージ

メリヤス編み、6号（US 4mm）25目36段で10cm四方

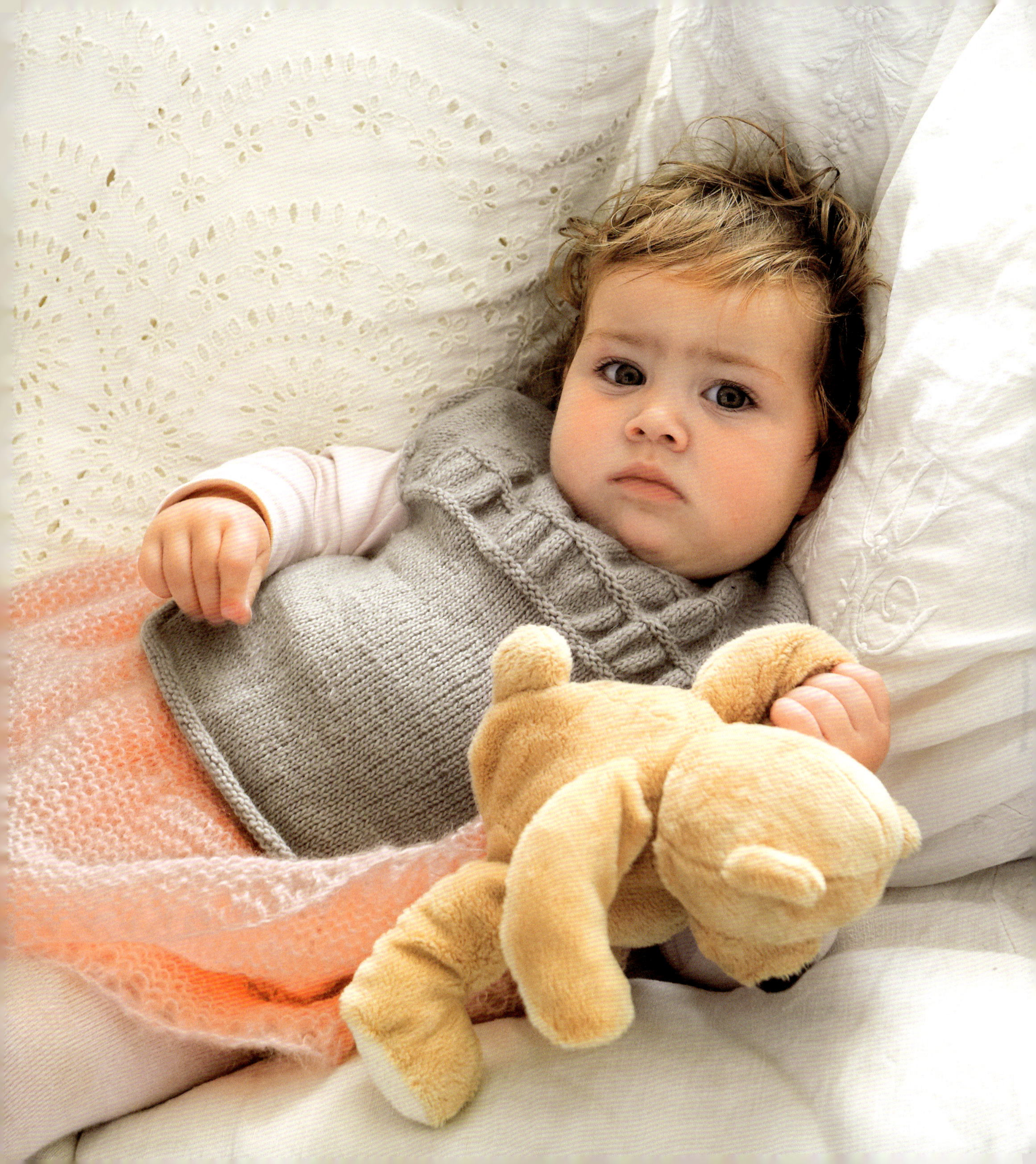

7段目：1段目と同じ。合計 117（109、117）目。

3-6ヵ月、6-12ヵ月のサイズ

8段目：最後まで裏編み。
9段目：1段目と同じ。合計 125目（117、125）目。

すべてのサイズ

10段目：2つめの目数リングまで裏編み、目数リングにすべり目、3つめの目数リングの1目手前まで、裏目の2目一度、裏編み1目、最後まで裏編み。合計 92（92、98）目。
11段目：裏編み4目、目数リングまで表編み、表編みで1目増目、目数リングにすべり目、表編み1目、表編みで1目増目、次の目数リングまで表編み、表編みで1目増目、目数リングにすべり目、表編み1目、裏編みで1目増し目、次の目数リングまで裏編み、裏編みで1目増し目、目数リングにすべり目、表編み1目、1目増し目、次の目数リングまで表編み、表編みで1目増目、目数リングにすべり目、表編み1目、表編みで1目増目、最後に4目残るまで表編み、最後まで裏編み。合計 100（100、106）目。
12段目：2番目の目数リングまで裏編み、目数リングにすべり目、3つ目の目数リングより1目手前まで表編み、裏編み1目、最後まで裏編み。

最後の10(12、12)段をさらに2回くり返します。合計 174(188、194)目。

0-3ヵ月のサイズ

13段目：A（裏編み4目、最初の目数リングまで表編み、表編みで1目増目）、目数リングにすべり目、（裏編み4目、裏目の2目一度）×6、裏編み3目、目数リングにすべり目、表編み1目、1目増し目、3つ目の目数リングまで表編み、表編みで1目増目、目数リングにすべり目、裏編み3目、（裏目の2目一度、裏編み4目）×6、目数リングにすべり目、表編み1目、表編みで1目増目、最後に4目残るまで表編み、裏編み4目。
14段目：最後まで裏編み。
15段目：Aを1回、目数リングにすべり目、（裏編み3目、裏目の2目一度）×6、裏編み3目、目数リングにすべり目、表編み1目、表編みで1目増目、3番目の目数リングまで表編み、表編みで1目増目、目数リングにすべり目、裏編み3目（裏目の2目一度、裏編み3目）×6、目数リングにすべり目、表編み1目、表編み

パターン

❈ ブラウス ❈

作り目 63（56、62）目。輪針を使いますが、編み地は輪にせずに編みます。

1段目（表側）：裏編み 12（11、12）目、目数リング、裏編み 9（7、8）目、目数リング、裏編み 21（20、22）目、目数リング、裏編み 9（7、8）目、目数リング、裏編み 12（11、12）目。
2段目：最後まで表編み。

❈ ラグラン部分 ❈

1段目（表側）：裏編み 4目、（目数リングまで表編み、表編みで1目増目、目数リングにすべり目、表編み1目、増し目1目）×4、最後4目まで表編み、裏編み4目。合計 71（64、70）目。
2段目：裏編み 2目、糸を編み地の向こう側に置く、裏目の2目一度、2つ目の目数リングまで裏編み、目数リングにすべり目、3つ目の目数リングの1つ手前までのすべての目に裏目の編み出し増目、裏編み1目、目数リングにすべり目、最後まで裏編み。合計 93（85、93）目。
3段目：1段目と同じ、合計 101（93、101）目。
4段目：最後まで裏編み。
5段目：1段目と同じ。合計 109（101、109）目。
6段目：最後まで裏編み。

で1目増目、最後に4目残るまで表編み、裏編み4目。
16段目：編み進めながら目数リングをはずす。最初の目数リングまで裏編み、2つめの目数リングまで表目で伏せ目、3つめの目数リングまで裏編み、4つめの目数リングまで表目で伏せ目、最後まで裏編み。合計106目。

3-6ヵ月のサイズ

13段目：0-3ヵ月のAを1回、目数リングにすべり目、(裏編み6目、裏目の2目一度)×5、裏編み3目、目数リングにすべり目、表編み1目、表編みで1目増目、3番目の目数リングまで表編み、表編みで1目増目、目数リングにすべり目、裏編み3目（裏目の2目一度、裏編み6目）×5、目数リングにすべり目、表編み1目、増目1目、最後の4目まで表編み、裏編み4目。
14段目：最後まで裏編み。
15段目：Aを1回、目数リングにすべり目、(裏編み5目、裏目の2目一度)×5、裏編み3目、目数リングにすべり目、表編み1目、表編みで1目増目、3番目の目数リングまで表編み、表編みで1目増目、目数リングにすべり目、裏編み3目（裏目の2目一度、裏編み5目）×5、目数リングにすべり目、表編み1目、1目増し目、最後に4目残るまで表編み、裏編み4目。
16段目：編み進めながら目数リングをはずす。最初の目数リングまで裏編み、2つめの目数リングまで表目で伏せ目、3つめの目数リングまで裏編み、4つめの目数リングまで表目で伏せ目、最後まで裏編み。合計110目。

6-12ヵ月のサイズ

13段目：0-3ヵ月のAを1回、目数リングにすべり目、裏編み6目、裏目の2目一度（裏編み4目、裏目の2目一度)×5、裏編み6目、目数リングにすべり目、表編み1目、表編みで1目増目、3番目の目数リングまで表編み、表編みで1目増目、目数リングにすべり目、裏編み6目、裏目の2目一度（裏編み4目、裏目の2目一度）×5、裏編み6目、目数リングにすべり目、表編み1目、1目増し目、最後に4目残るまで表編み、裏編み4目。
14段目：最後まで裏編み。
15段目：Aを1回、目数リングにすべり目、裏編み5目、裏目の2目一度、(裏編み3目、裏目の2目一度)×5、裏編み6目、目数リングにすべり目、表編み1目、表編みで1目増目、3番目の目数リングまで表編み、表編みで1目増目、目数リングにすべり目、裏編み6目、裏目の2目一度（裏編み3目、裏目の2目一度）×5、裏編み5目、目数リングにすべり目、表編み1目、1目増し目、最後に4目残るまで表編み、裏編み4目。
16段目：16段目：編み進めながら目数リングをはずす。最初の目数リングまで裏編み、2つめの目数リングまで表目で伏せ目、3つめの目数リングまで裏編み、4つめの目数リングまで表目で伏せ目、最後まで裏編み。合計114目。

すべてのサイズ

次の段：裏編み4目、{袖の伏せ目にした部分まで表編み、巻き目の作り目「p.13を参照」で作り目3（4、4）目、目数リング、作り目3（4、4）目}×2、最後に4目残るまで表編みして止める。残った4目は編み針に残る。輪針に目を移して輪にする。両端がとがった棒針を手前において、＊輪針の最初の目を裏目の2目一度とする＊

＊から＊をもう一度くり返し、輪の終わりが分かるように目数リングを通し（サイドマーカー）、＊から＊をさらに2度くり返します。合計114（122、126）目。

＊＊ 表編み6周。

次の段：（サイドマーカーから1目手前まで表編み、1目増し目、表編み1目、目数リングにすべり目、表編み1目、増し目1目）×2、最後まで表編み。

＊＊ 以降をさらに4（5、6）回くり返します。合計134（146、154）目。編み地が23（26.5、28.5）cmになるまで表編みをします。

裏編みで3周。すべての目を裏目で伏せ目にします。

仕上げ

ボタンホールの反対側にボタンを縫いつけます。編み終わりの糸を編み地に縫いこみます。

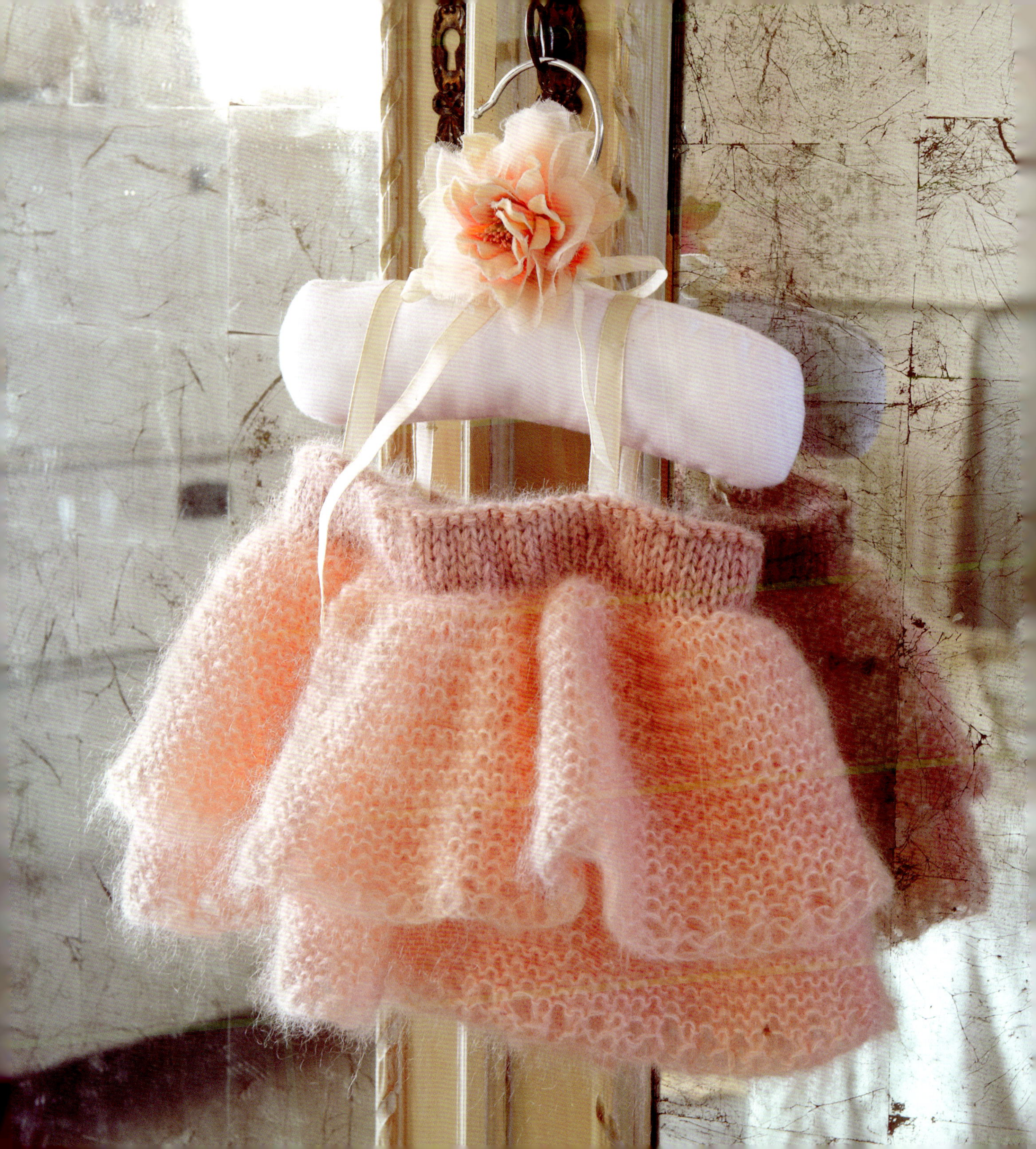

チュチュ

初めて娘にチュチュを見せたとき、
娘は、お願い今すぐに着させて！と言いました。
そんな女の子もいれば、
ピンクのひらひらした服なんて絶対に着ない、
という女の子もいます。
こればかりは誰も予想できません・・・

サイズ

0-3ヵ月（3-6ヵ月、6-12ヵ月、以下この順番で表記）、写真は3-6ヵ月

材料

デビー・ブリス・エンジェル（15 Pale Pink）25g×2、デビー・ブリス・カシメリノ・アラン（43Baby Pink）50g×1

6号（US 4mm）編み針1組、

6号（US 4mm）長さ40cmの輪針、とじ針、

幅5cmのゴムとゴム通しの針

ゲージ

ガーター編み（エンジェル糸、編み針は6号、US 4mm）16目22段で10cm四方

棒針を使い、エンジェルの糸を2本取りで、148（156、164）目を作り目。

次の段（裏側）：最後まで表編み。

次の段：表編み1目、＊糸を編み地の手前に置く、左上2目一度、＊以降を最後までくり返し、表編み1目。

ガーター編みで14（15、16）cm、最後は表側の段とします。

次の段（裏側）：＊左上2目一度、＊以降を最後までくり返します。合計74（78、82）目。糸を切り、休ませておきます。

輪針を使ってエンジェルの糸を2本取りで、148（156、164）目を作り目。

次の段（裏側）：輪にせずに、最後まで表編み。

次の段：表編み1目、＊糸を編み地の手前に置く、左上2目一度、＊以降を最後までくり返し、表編み1目。

ガーター編みで10（11、12）cm、最後は表側の段とします。

次の段（裏側）：＊左上2目一度、＊以降を最後までくり返します。合計7（78、82）目。

輪針と棒針を、輪針を手前にして左手に平行に持ち、＊輪針と棒針の1目を一緒に表編みにして輪針にかけます。＊これでチュチュの2層がつながります。＊から＊を最後までくり返します。編み地をつないで輪状にします。

次の段：カシメリノ糸をつなぎ、エンジェル糸とカシメリノ糸をメリヤス編みで3cm編みます（これで厚みのある素敵なウェストバンドができあがります）。

次の段：最後まで裏編み。

メリヤス編みで3cm編み、カシメリノ糸を長めに残して糸を切り、休ませます。

仕上げ

ゴムを長さ40cm（42cm、44cm）に切り、2cm重ねて輪にします。針と糸で重なった部分を縫いつけます。

とじ針と、ウェストバンドの編み終わりの長いカシメリノ糸を使って、ゴムをウェストバンドに縫いこみます。とじ針を編み針の目に通して、編み針からその目を外して、メリヤス編みの最初の目にとじ針を通して、ゴムを通します。また、とじ針を編み針の別の編み目に通し、その目を外して、メリヤス編みの最初の目に通して、ゴムを通します。これを、ゴム全体をウェストバンドに縫いこむまでくり返します。

チュチュの両側を縫い合わせ、編み終わりの糸を編み地に縫いこみます。

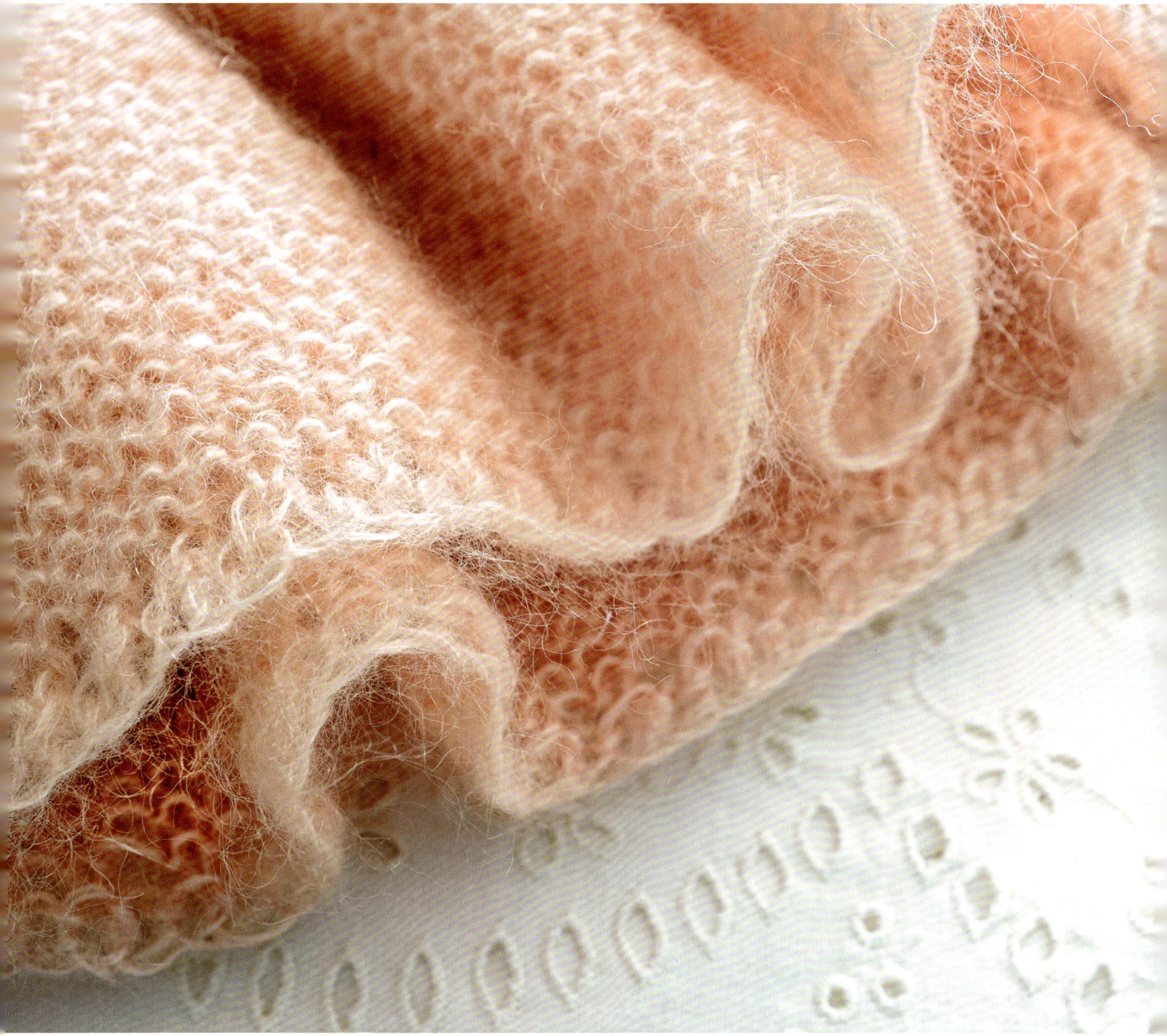

カフド・パンツ

着心地がよくて、おしゃれなベビー用のパンツは
なかなか見つかりません。
レギンスはすそが細くて脱ぎ履きさせづらいし、
チノパンツはおむつ替えのたびに
嫌がるベビーをあやしながら、
四苦八苦してはかせたものです。
このパンツは、ゴムの入ったウェストバンドが
脱ぎ履きさせやすく、ゆったりとしたフィット感の、
とてもやわらかいパンツです。

サイズ

0-3ヵ月（3-6ヵ月、6-12ヵ月、以下この順番で表記）、写真は3-6ヵ月

材料

ローワン・カシソフトDK（505 Mist）50g×2（2、3）
6号（US 4mm）長さ30cmの輪針、ほつれ止め×1、
目数リング×1、とじ針、針と糸、
幅1.5cmのゴム、
直径19mmのボタン1個、直径11.5mmのボタン2個

ゲージ

メリヤス編み6号（US 4mm）22目30段が10cm四方

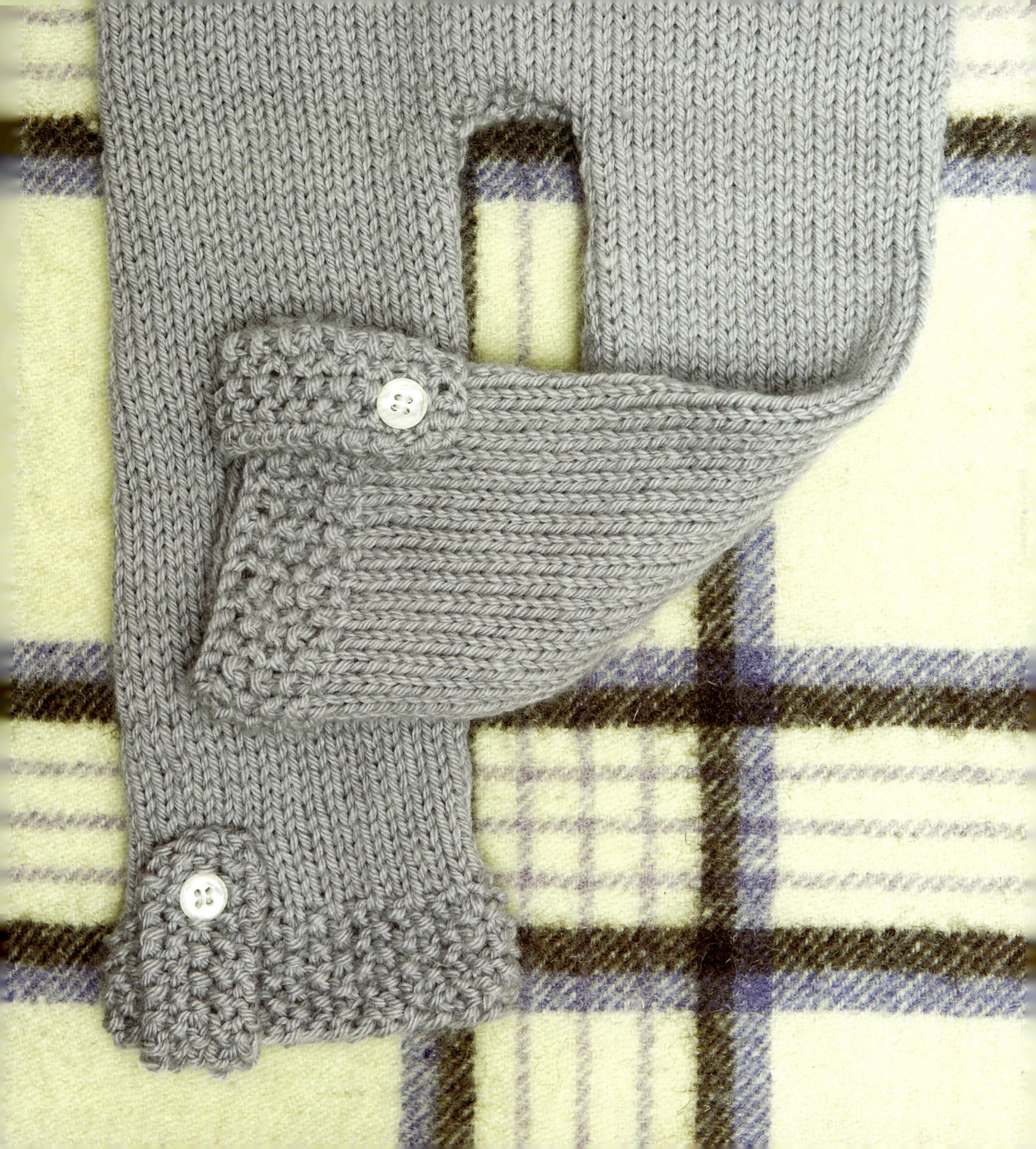

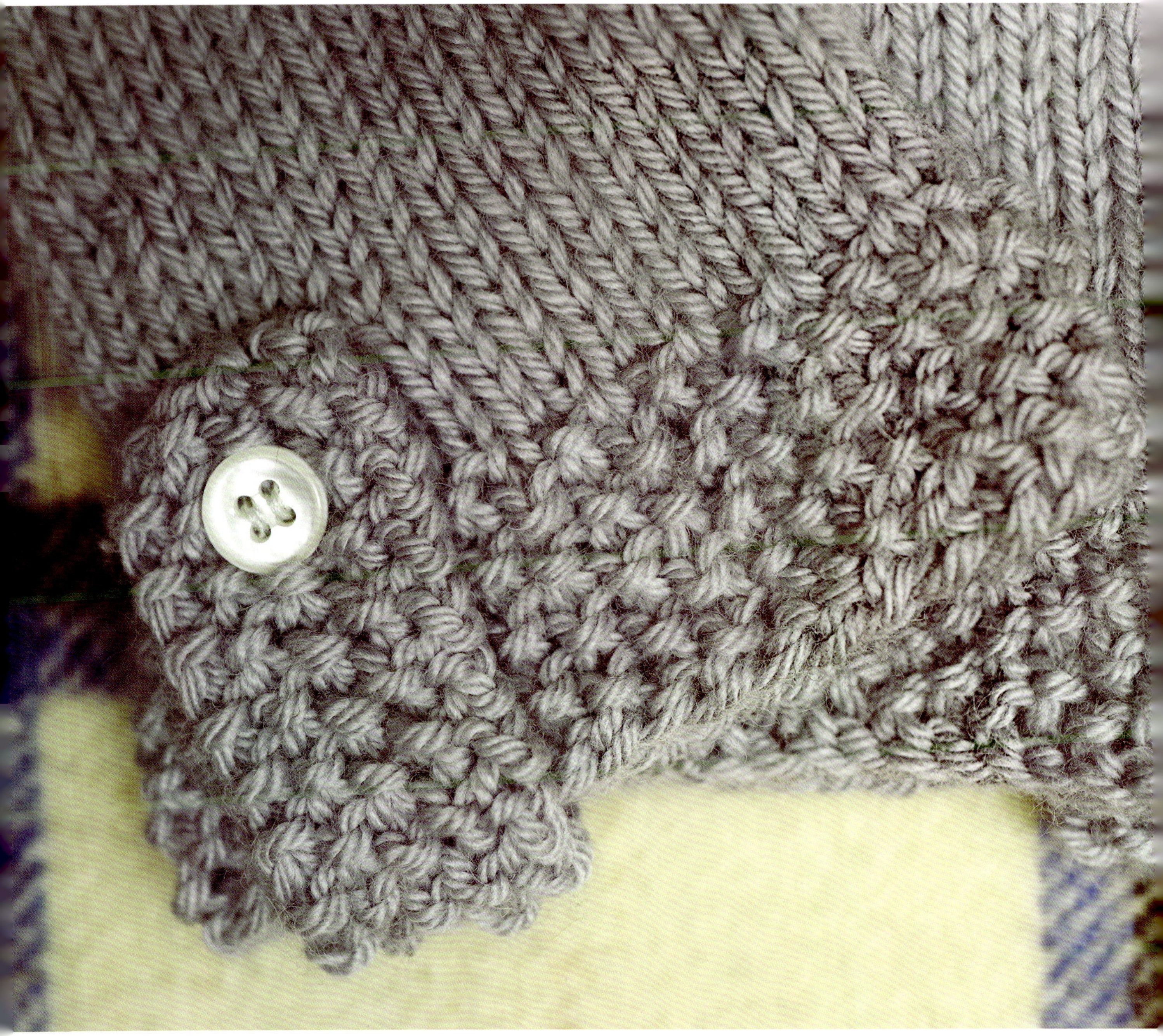

パターン

❋ パンツの足（2枚製作）❋

作り目 42（46、50）目、編み終わりの糸は長く残します。
1段目（表側）：輪にせずに以下のようにモス・ステッチ（かのこ編み）にします：＊表編み1目、裏編み1目、＊以降を最後までくり返します。
2段目：＊裏編み1目、表編み1目＊以降を最後までくり返します。
　上記の2段をさらに3回くり返します。
　編み地が18（20、22）cmになり、最後が裏側の段で終わるまで、メリヤス編みをします。
1本目の足：ほつれ止めに編み目を移しておきます。
2本目の足：編み針に目を残します。

❋ 足をつなぐ ❋

編み針に残した2本目の足に表編みをし、作り目を4目して、ほつれ止めにある1本目の足に表編みをして、作り目を4目をします。巻き目の作り目「p.13参照」を用います。合計92（100、108）目。目数リングを通し、輪に編みます。
　長さが14（16、18）cmになるまでメリヤス編みで輪に編みます。
次の周：＊表編み2目、裏編み2目、＊以降を最後までくり返します。
　ダブル・リブ編みを6cm続けます。
　糸を長めに切って、休ませておきます。

❋ タブ（2枚製作）❋

作り目5。
次の段：以下のようにモス・ステッチ（かのこ編み）をします：＊表編み1目、裏編み1目、＊以降を最後までくり返し、表編み1目。
　上記を長さが10cmになるまでくり返します。
　すべての編み目を伏せ目にします。

仕上げ

　ゴムを長さ40cm（42cm、44cm）に切り、2cm重ねて輪にします。針と糸で重なった部分を縫いつけます。
　とじ針と、ウェストバンドの編み終わりの長い糸を使って、ゴムをウェストバンドに縫いこみます。とじ針を編み針の目に通して、編み針からその目を外して、メリヤス編みの最初の目にとじ針を通して、ゴムを通します。また、とじ針を編み針の別の目に通し、その目を外して、メリヤス編みの最初の目に通して、ゴムを通します。これを、ゴム全体をウェストバンドに縫いこむまでくり返します。
　クロッチと足を縫い合わせます。

　タブを写真のようにカフに縫いつけます。

　直径19mmのボタンをウェストバンドに、直径11.5mmのボタンをタブに縫いつけます。

　編み終わりの糸を編み地に縫いこみます。

　好きな大きさに広げて軽くブロッキングします。

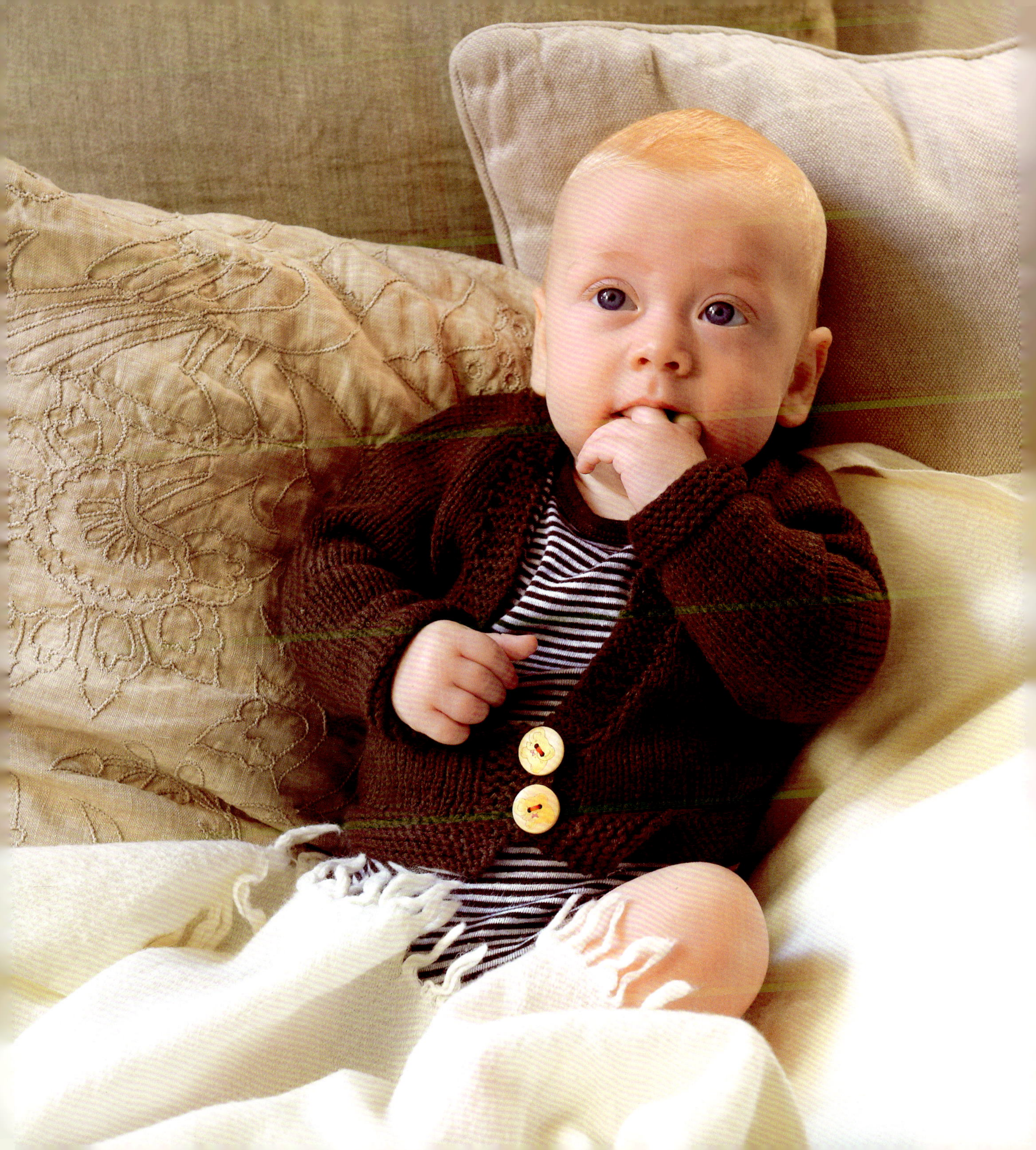

リトル・オールドマン・カーディガン

ごく幼いベビーが、ケルビム（天使）よりも、おじいちゃんのように見えることは、よくあります。このカーディガンは、従兄弟のクリスの、特におとなびて見える息子さんマレックのためにデザインしたものです。私の祖父は、こういうカーディガンをよく着ていたのです。

サイズ
0-3ヵ月（3-6ヵ月、6-12ヵ月、以下この順番で表記）、写真は3-6ヵ月

材料
ローワン・カシソフトDK（517 Donkey）50g×2（3、3）
16号（US 4mm）の棒針、目数リング4個、ほつれ止め1個または予備の糸、とじ針、針と糸、直径20mmのボタン2個

ゲージ
メリヤス編み6号（US 4mm）22目30段で10cm四方

パターン

❅ ネックライン ❅

作り目 28 目。

1段目（裏側）：表編み 3 目、目数リングをつける、表編み 4 目、目数リングをつける、表編み 14 目、目数リングをつける、表編み 4 目、目数リングをつける、表編み 3 目。
2段目（ラグラン1段目）：（目数リングの1目手前まで表編み、表編みで1目増目、表編み1目、すべり目1目・目数リング、増し目1目）×4、最後まで表編み。合計 36 目。
3段目：最後まで表編み。
4段目：ラグラン1段目と同じ。合計 44 目。
5段目：最後まで表編み。
6段目：ラグラン1段目と同じ。合計 52 目。

❅ ヨーク ❅

*****1段目（裏側）**：表編み 5 目、最後に 5 目残るまで裏編み、表編み 5 目。
2段目（ラグラン2段目）：最初の目数リングから1目後まで表編み、表編みで1目増目、（目数リングより1目手前まで表編み、表編みで1目増目、表編み1目、すべり目1目・目数リング、表編み1目、増し目1目）×2、最後の目数リングより1目手前まで表編み、表編みで1目増目、最後まで表編み。合計 58 目。
3段目：表編み 5 目、最後に 5 目残るまで裏編み、表編み 5 目。
4段目：（目数リングより1目手前まで表編み、表編みで1目増目、表編み1目、すべり目1目・目数リング、表編み1目、増し目1目）×4、最後まで表編み。合計 66 目。

　*以降を目数が合計 156 目、最後にラグラン2段目となるまで編みます。

❅ ボディ ❅

0-3ヵ月のサイズ

次の段（裏側）：表編み 5 目、最初の目数リングまで裏編み、次の袖の 40 目はほつれ止めに通し、巻き目の作り目「p.13 を参照」で作り目 4 目、次の目数リングまで裏編み、次の袖の 40 目はほつれ止めに通し、巻き目の作り目で作り目 4 目、最後に 5 目残るまで裏編み、表編み 5 目。合計 84 目。

3-6ヵ月のサイズ

3、4、1、2段目をもう一度繰り返します。合計 170 目。

次の段：表編み 5 目、最初の目数リングまで裏編み、次の袖の 44 目はほつれ止めに通し、巻き目の作り目で作り目 4 目、次の目数リングまで裏編み、次の袖の 44 目はほつれ止めに通し、巻き目の作り目で作り目 4 目、最後に 5 目残るまで裏編み、表編み 5 目。合計 90 目。

6-12ヵ月のサイズ

3、4、1、2段目をさらに 2 度繰り返します。合計 184 目。
次の段：表編み 5 目、最初の目数リングまで裏編み、次の袖の 48 目はほつれ止めに通し、巻き目の作り目で作り目 4 目、次の目数リングまで裏編み、次の袖の 48 目はほつれ止めに通し、巻き目の作り目で作り目 4 目、最後に 5 目残るまで裏編み、表編み 5 目。合計 96 目。

すべてのサイズ

******1段目（表側）**：最後まで表編み。
2段目：表編み 5 目、裏編みで1目増し目、最後に 5 目残るまで裏編み、裏編みで1目増し目、表編み 5 目。合計 86（92、100）目。
3段目：最後まで表編み。
4段目：表編み 5 目、最後に 5 目残るまで裏編み、表編み 5 目。
　****以降を編み目が合計 100（106、112）目、最後に 2段目がくるまでくり返します。編み地は 25.5（27、28）cm となります。
　上記のようにガーター編みのボーダーを作りながら 3 段編みます。
ボタンホールの段：最後 4 目残るまで表編み、左上 2 目一度、糸を編み地の手前に置く、表編み 2 目。
　6（7、8）段をまっすぐ編みます。
次の段：もう一度ボタンホールの段をくり返します。
　前述のようにガーター編みのボーダーを作りながら 3 段編みます。編み地は 29.5（31、32.5）cm。ガーター編みは 9 段となります。
　すべての編み目を伏せ目にします。

❋ 袖 ❋

右袖の編み目を編み針に移します。

次の段（表側）：伏せ目2目、最後まで表編み。合計38（42、46）目。

次の段：伏せ目2目、最後まで裏編み。合計36（40、44）目。

＊＊＊9（10、11）段をまっすぐに編みます。

次の段：両端で1目ずつ目を減らします。

＊＊＊以降を、編み目の数が28（32、36）になるまでくり返します。

編み地の長さが14（15、17）cmになるまで、まっすぐに編みます。

すべてのサイズ

ガーター編みを9段行います。すべての編み目を伏せ目にします。

同じことを左袖にも行います。

仕上げ

編み終わりの糸を編み地に縫いこみます。袖をとじ、ボタンをボタンホールの反対側に縫いつけます。

好きな大きさに広げて軽くブロッキングします。

アイクのタンクトップ

私たちの小さな友だちのアイクは、
好きな人のおでこに自分のおでこを押しつける、
愛らしい男の子。
マイレはすぐに彼のことが大好きになりました。
マイレにハイハイを教えてくれたのは
6ヵ月年上のアイクです。
このタンクトップはアイクのことを
思い浮かべながらデザインしました。
着心地がよいうえ、ちょっとジェントルマンな、
タンクトップです。

サイズ

0-3ヵ月（3-6ヵ月、6-12ヵ月、以下この順番で表記）
写真は6-12ヵ月

材料

メインカラー：ローワン・コットン・グレース（726 Bleached）50g×2
コントラストカラー：ローワン・コットン・グレース（834 Whey）50g×1（2、2）
5-6号（US 3.75mm）長さ40cmの輪針、
5-6号（US 3.75mm）の両端がとがった棒針5本組、
ほつれ止め×1、目数リング×1、とじ針

ゲージ

メリヤス編み 5-6号（US 3.75mm）23目 34段で10cm四方。

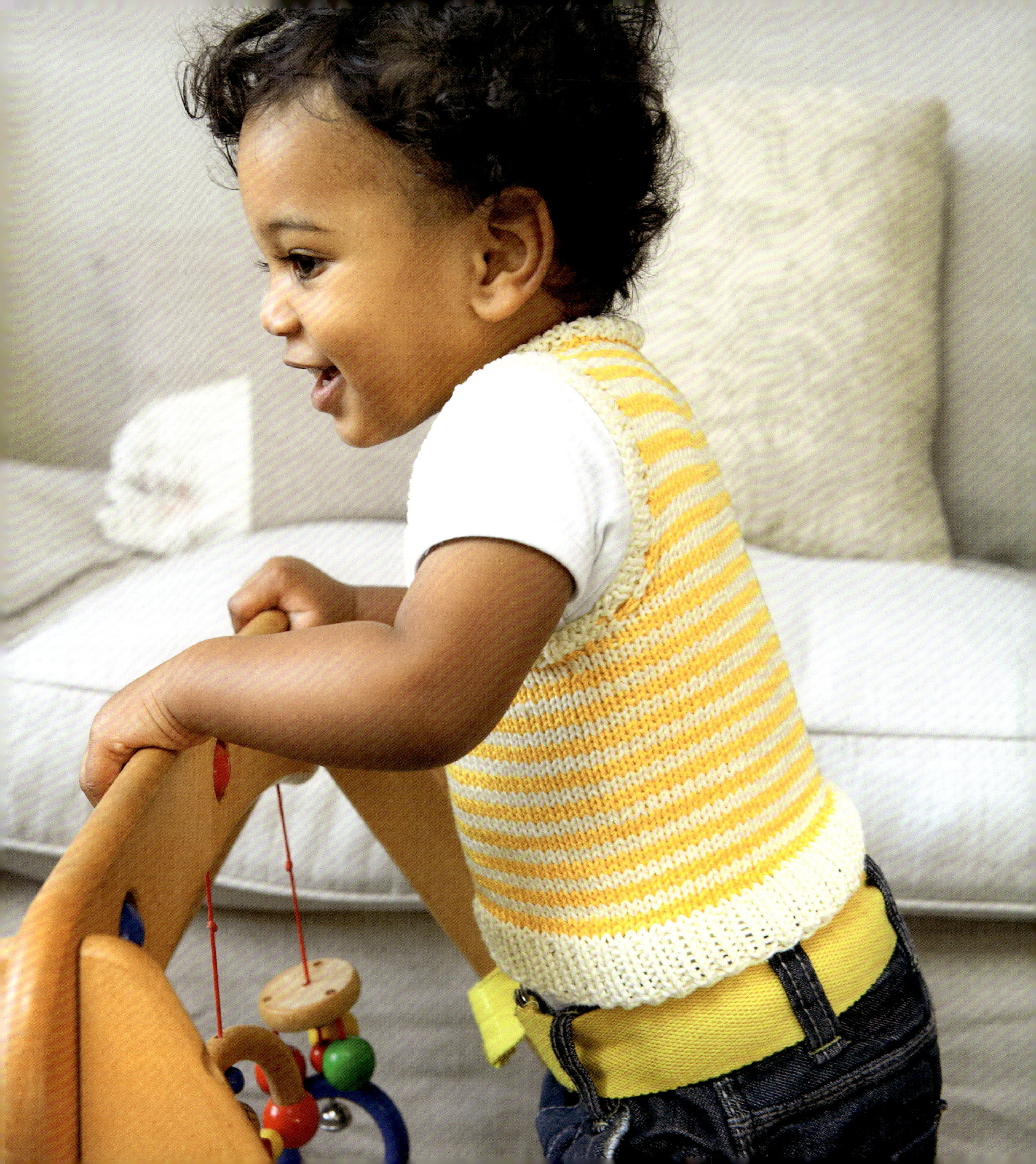

パターン

❋ ボディ ❋

メインカラーを使用して、作り目102（108、114）目。目数リングを通して輪に編みます。

次の周：*表編み1目、裏編み1目、*以降を最後までくり返します。

編み地が長さ3cmになるまでリブ編みをして、メインカラーをいったん外します（切りません）。

コントラストカラーをつなぎ、表編みで2周します。

*コントラストカラーを外し、メインカラーを拾い、表編みで2周します。

メインカラーを外し、コントラストカラーを拾い、表編みで2周します。

*以降を編み地が長さ12（15、18）cmになるまでくり返し、最後はどちらかの色の2周目となり、ストライプが完結するようにします。

上記のストライプのパターンを維持しながら、以下を行います。

次の周：表編み45（48、51）目、伏せ目6目、表編み45（48、51）目、伏せ目6目。最後の表編み45（48、51）目をほつれ止めに通します。これが前になります。

❋ 後ろ身頃 ❋

ここからは輪にせずに段ごとに編み、ストライプのパターンを維持します。

** 次の段：表編み1目、右上2目一度、最後から3目手前まで表編み、左上2目一度、表編み1目。

次の段：最後まで裏編み。

**以降をさらに4回くり返します。合計35（38、41）目。

編み地が26（30、34）cm、裏側の段で終わるまでまっすぐに編みます。

❋ 左肩 ❋

次の段（表側）：表編み10目、伏せ目25（28、31）目、最後まで表編み。

次の段：伏せ目5目、最後まで裏編み。

次の段（表側）：表編み5目。

次の段（裏側）：すべての目を伏せ目。

❋ 右肩 ❋

糸をつないで、左肩と対称な形となるように同様に編みます。

❋ 右ネック（前面）❋

ほつれ止めの編み目を編み針に移します。糸をつなぎ、上記のストライプのパターンを維持しながら段ごとに編みます。

次の段（表側）：表編み1目、右上2目一度、表編み17（18、19）目、編み地を返し、残りの編み目をほつれ止めに残します。

*** 次の段：裏編み1目、裏目の2目一度、最後まで裏編み。

次の段：表編み1目、右上2目一度、最後まで表編み。

次の段：裏編み1段。

次の段：表編み1目、右上2目一度、最後まで表編み。

次の段：裏編み1目、裏目の2目一度、最後まで裏編み。

3-6ヵ月と6-12ヵ月のサイズ

次の段（表側）：表編み1目、右上2目一度、最後まで表編み。

次の段：最後まで裏編み。合計15（15、16）目。

すべてのサイズ

左記のようにストライプのパターンを維持します。

****3（4、5）段をまっすぐに編みます。

次の段（裏側）：ネックラインで1目減らします。合計14（14、15）目。

****以降を、編み目が10目となるまでくり返します。

編み地が26（30、34）cmとなり、裏側の段で終わるまでまっすぐに編みます。

次の段（表側）：伏せ目5目、最後まで表編み。

次の段：裏編み5目。

すべての目を伏せ目。

❋ 左ネック ❋

前述のようにストライプのパターンを維持します。
次の段（表側）: ネックラインで糸をつないで、伏せ目5（6、7）目、最後に3目残るまで表編み、左上2目一度、表編み1目。
右ネックと対称になるようにしながら、***以降を同様に編みます。

仕上げ

肩をとじ合わせ、編み終わりの糸を編み地に縫いこみます。

❋ ネックライン ❋

編み地の表を上にして、メインカラーを使用して、Vネックの左側の伏せ目の端から左のネックラインに沿って表編み46（50、54）目、後ろ側表編み24（28、30）目、右のネックラインに沿って表編み46（50、54）目、合計116（128、138）目。ネックラインの目を拾いますが、首の根元の伏せ目5（6、7）目は拾わないように気をつけましょう。
1段目: *裏編み1目、表編み1目、*以降を最後までくり返します。
この段をさらに3（5、5）回くり返します。すべての編み目を伏せ目にします。
リブ編みの端を首元で縫い合わせ、合わせ目を伏せ目にします。

❋ 袖ぐり ❋

両端がとがった棒針とメインカラーを使って、袖ぐりから52（56、60）目拾って表編みにします。両端を合わせて輪になるようにし、輪の最後に目数リングを通します。
次の周: *表編み1目、裏編み1目、*以降を最後までくり返します。
この周をさらに1（1、2）回くり返します。すべての目を伏せ目にします。これをもう一方の袖ぐりでもくり返します。編み終わりの糸を編み地に縫いこみます。軽くブロッキングします。

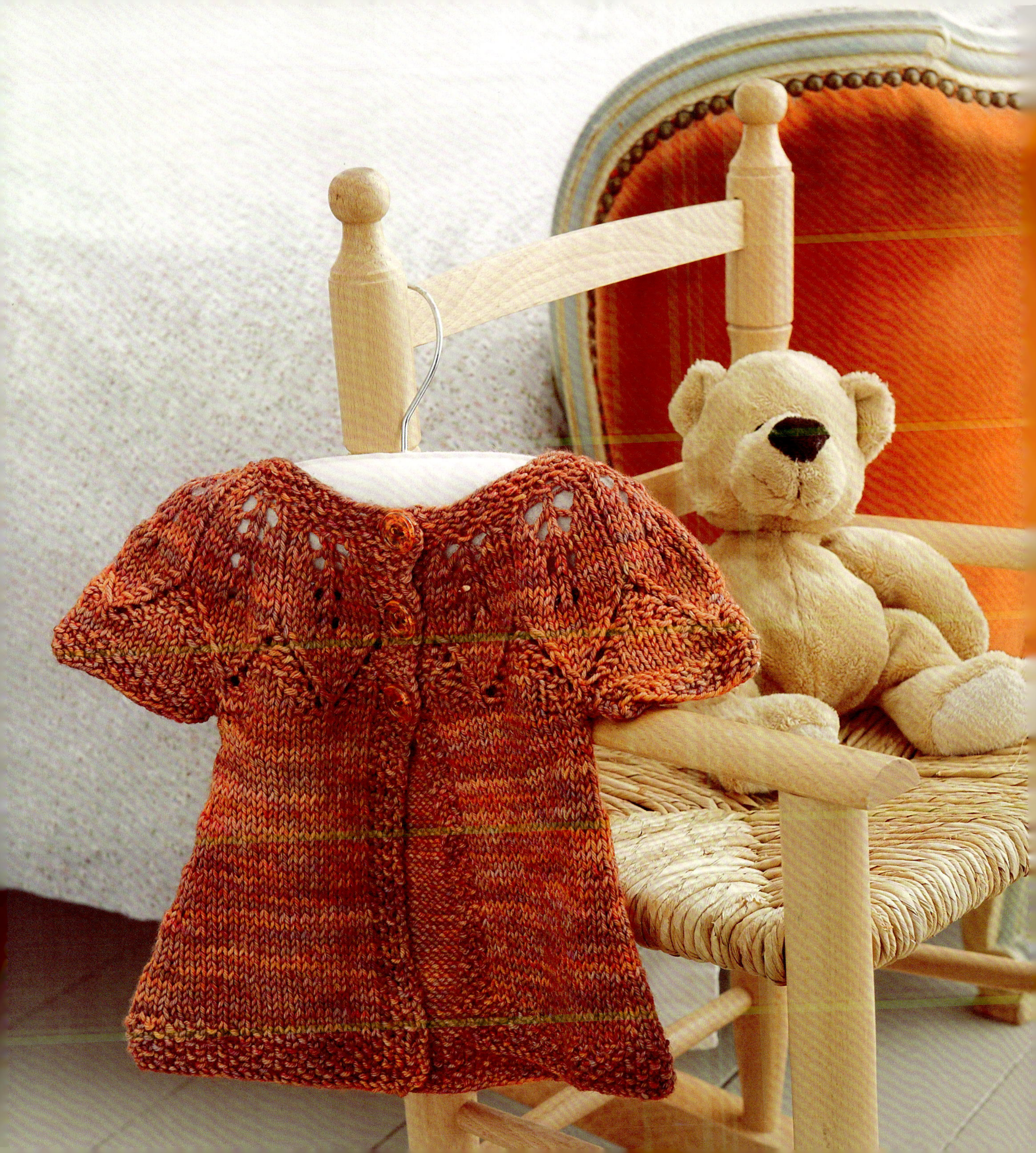

オータム・リーブズ・カーディガン

これは友人レベッカの赤ちゃん誕生時に作りました。女の子らしいけれど、かわいくなり過ぎない、絶妙な色合いの糸を使っています。このパターンでは、糸のかさを増やすことで、サイズを大きくしています。もっとも小さな0-3ヵ月のサイズでは、マデリントッシュ・トッシュDKと5-6号の編み針、3-6ヵ月のサイズではマデリントッシュ・トッシュDKと8号の編み針、6-12ヵ月では、マデリントッシュ・トッシュ・メリノと11号の針を使用しています。

サイズ

0-3ヵ月（3-6ヵ月、6-12ヵ月、以下この順番で表記）
写真は3-6ヵ月

材料

マデリントッシュ・トッシュDK（Amber Trinket）100g×1、またはマデリントッシュ・トッシュ・メリノ100g×1
5-6号(US 3.75mm)長さ30cmの輪針、8号(US 4.5mm)長さ30cmの輪針、11号(US 5.5mm)長さ30cmの輪針、とじ針、目数リング×4、
直径15（18、20）mmのボタン3個

ゲージ

メリヤス編み 5-6号（US 3.75mm）22目30段で10cm四方
メリヤス編み 8号（US 4.5mm）20目27段で10cm四方
メリヤス編み 11号（US 5.5mm）18目25段で10cm四方

モス・ステッチ（かのこ編み）

1段目：＊表編み1目、裏編み1目、＊以降を1目残るまでくり返し、表編み1目。
この段を繰り返します。

パターン

❈ ネックライン ❈

作り目 55目。
モス・ステッチで2段編みます。
次の段：表編み1目、裏編み1目、かけ目、裏目の2目一度、最後までモス・ステッチ。
モス・ステッチで3段編みます。

オータム・リーブス・パターン

1段目（裏側）：A（**表編み1目、裏編み1目、表編み1目**）、裏編み4目、＊表編み1目、裏編み3目、＊以降を4目残るまでくり返し、B（**裏編み1目、表編み1目、裏編み1目**）、表編み1目。
2段目：A、裏編み1目、＊表編み1目、（かけ目、表編み1目）×2、裏編み1目、＊以降を3目残るまでくり返し、A。合計79目。
3段目：A、裏編み6目、＊表編み1目、裏編み5目、＊以降を4目残るまでくり返し、B、表編み1目。
4段目：A、裏編み1目、＊表編み2目、かけ目、表編み1目、かけ目、表編み2目、裏編み1目、＊以降を3目残るまでくり返し、A。合計103目。
5段目：A、裏編み8目、＊表編み1目、裏編み7目、＊以降を4目残るまでくり返し、B、表編み1目。
6段目：A、裏編み1目、＊表編み7目、裏編み1目、＊以降を3目残るまでくり返し、A。
7段目：5段目と同じ。
8段目：A、裏編み1目、＊表編み3目、かけ目、表編み1目、かけ目、表編み3目、裏編み1目、＊以降を3目残るまでくり返し、A。合計127目。
9段目：A、裏編み10目、＊表編み1目、裏編み9目、＊以降を最後4目残るまでくり返し、B、表編み1目。
10段目（ボタンホールの段）：A、裏編み1目、＊表編み9目、裏編み1目、＊以降を13目残るまでくり返し、表編み9目、裏目の2目一度、かけ目、裏編み1目、表編み1目。
11段目：9段目と同じ。
12段目：A、裏編み1目、＊表編み4目、かけ目、表編み1目、かけ目、表編み4目、裏編み1目、＊以降を3目残るまでくり返し、A。合計151目。
13段目：A、裏編み12目、＊表編み1目、裏編み11目、＊を最後4目残るまでくり返し、B、表編み1目。
14段目：A、裏編み1目、＊表編み11目、裏編み1目、＊以降を3目残るまでくり返し、A。
15段目：13段目と同じ。
16段目：A、＊裏編み1目、かけ目、むこう側から針を入れて1目すべり目、表編みで1目、すべり目した目をかぶせる、表編み7目、左上2目一度、かけ目、＊以降を4目残るまでくり返し、B、表編み1目。
17段目：A、裏編み1目、表編み1目、＊裏編み9目、表編み3目、＊以降を14目残るまでくり返し、裏編み9目、A、裏編み1目、表編み1目。
18段目：A、裏編み2目、糸を編み地の向こう側に置く、むこう側から針を入れて1目すべり目、表編みで1目、すべり目した目をかぶせる、表編み5目、左上2目一度、＊かけ目、裏編み3目、かけ目、むこう側から針を入れて1目すべり目、表編みで1目、すべり目した目をかぶせる、表編み5目、左上2目一度、＊以降を5目残るまでくり返し、かけ目、裏編み2目、A。
19段目：A、裏編み1目、表編み2目、裏編み7目、＊表編み2目、裏編み1目、表編み2目、裏編み7目、＊以降を6目残るまでくり返し、表編み2目、裏編み1目、A。
20段目：A、裏編み3目、糸を編み地の向こう側に置く、むこう側から針を入れて1目すべり目、表編みで1目、すべり目した目をかぶせる、表編み3目、左上2目一度＊かけ目、裏編み2目、表編み1目、かけ目、むこう側から針を入れて1目すべり目、表編みで1目、すべり目した目をかぶせる、表編み3目、左上2目一度、＊以降を6目残るまでくり返し、糸を編み地の向こう側に置く、裏編み3目、A。
21段目：A、裏編み2目、表編み2目、裏編み5目、＊表編み2目、裏編み3目、表編み2目、裏編み5目、＊以降を7目残るまでくり返し、表編み2目、表編み2目、A。
22段目：A、裏編み1目、表編み1目、裏編み2目、糸を編み地の向こう側に置く。むこう側から針を入れて1目すべり目、表編みで1目、すべり目した目をかぶせる、表編み1目、左上2目一度＊糸を編み地の向こう側に置く、裏編み2目、表編み3目、裏編み2目、糸を編み地の向こう側に置く、むこう側から針を入れて1目すべり目、表編みで1目、すべり目した目をかぶせる、表編み1目、左上2目一度、＊以降を7目残るまでくり返し、糸を編み地の向こう側に置く、裏編み2目、A、裏編み1目、表編み1目。
23段目（ボタンホールの段）：表編み1目、裏編み1目、かけ目、裏目の2目一度、裏編み2目、表編み2目、裏編み3目、＊表編

み2目、裏編み5目、表編み2目、裏編み3目、*以降を8目残るまでくり返し、表編み2目、裏編み3目、A。

24段目：A、裏編み1目、表編み2目、裏編み2目、かけ目、むこう側から針を入れて1目すべり目、表編みで2目一度、すべり目した目をかぶせる、*かけ目裏編み2目、表編み5目、裏編み2目、かけ目、むこう側から針を入れて1目すべり目、表編みで2目一度、すべり目した目をかぶせる、*以降を8目残るまでくり返し、かけ目、裏編み2目、表編み2目、裏編み1目、A。

25段目：A、裏編み4目、表編み2目、裏編み1目、*表編み2目、裏編み7目、表編み2目、裏編み1目、*以降を9目残るまでくり返し、表編み2目、裏編み4目、A。

26段目：A、裏編み1目、4目残るまで表編み、裏編み1目、A。合計151目。編み地の長さは10.5（12、13）cm。

❋ 背中と側面 ❋

次の段：A、裏編み15目、ほつれ止めにすべり目36目。巻き目の作り目「p.13を参照」で作り目8目、裏編み43目、ほつれ止めにすべり目36目。作り目8目、裏編み15目、A。合計95目。

次の段：A、裏編み1目、表編み17目、目数リングをつける、表編み49目、目数リングをつける、表編み17目、裏編み1目、A。

　*上記のように四隅にモス・ステッチを施しながらまっすぐに4段編みます。

次の段：A、裏編み1目（目数リングまで表編み、表編みで1目増目、すべり目1目・目数リング、表編み1目、増し目1目）×2、4目残るまで表編み、裏編み1目、A。合計97目。*以降をさらに5回繰り返します。合計117目。

　モス・ステッチで6段編みます。編み地は30.5（34.5、37.5）cmとなります。

　すべての編み目を伏せ目にします。

❋ 袖 ❋

　右袖の編み目を編み針に通します。
　表側を上にして、糸をつなぎます。
　はじめの2段は、編み始め4目を伏せ目にします。合計28目。
　モス・ステッチで4段編みます。
　すべての編み目を伏せ目にします。
　左袖も同様に編みます。

仕上げ

　袖をとじ合わせます。袖のつなぎ目から腕の下側に少しでも隙間がある時は、そこ縫い合わせます。すべての編み終わった糸を編み地に縫い込みます。
　好きな大きさに広げてブロッキングをします。
　ボタンホールの反対側にボタンを縫いつけます。

エミリーのドレス

私は幼い頃、くるりと回ると広がる、
幅広のギャザーのスカートのドレスが大好きでした。
私はそのドレスを「くるくるドレス」と呼んでいました。
「エミリーのドレス」は、
私の友人ニコルの娘エミリーのために
デザインしたものです。
繊細でかわいいエミリーには、
こんなシンプルでチャーミングなドレスが
よく似合います。

サイズ
0-3ヵ月（3-6ヵ月、6-12ヵ月、以下この順番で表記）、写真は6-12ヵ月

材料
ローワン・カシソフトDK（LAKE543）50g×3
6号（US 4mm）長さ40cmの輪針、
安全ピン4つ、目数リング1個、
とじ針

ゲージ
メリヤス編み6号（US 4mm）22目30段で10cm四方

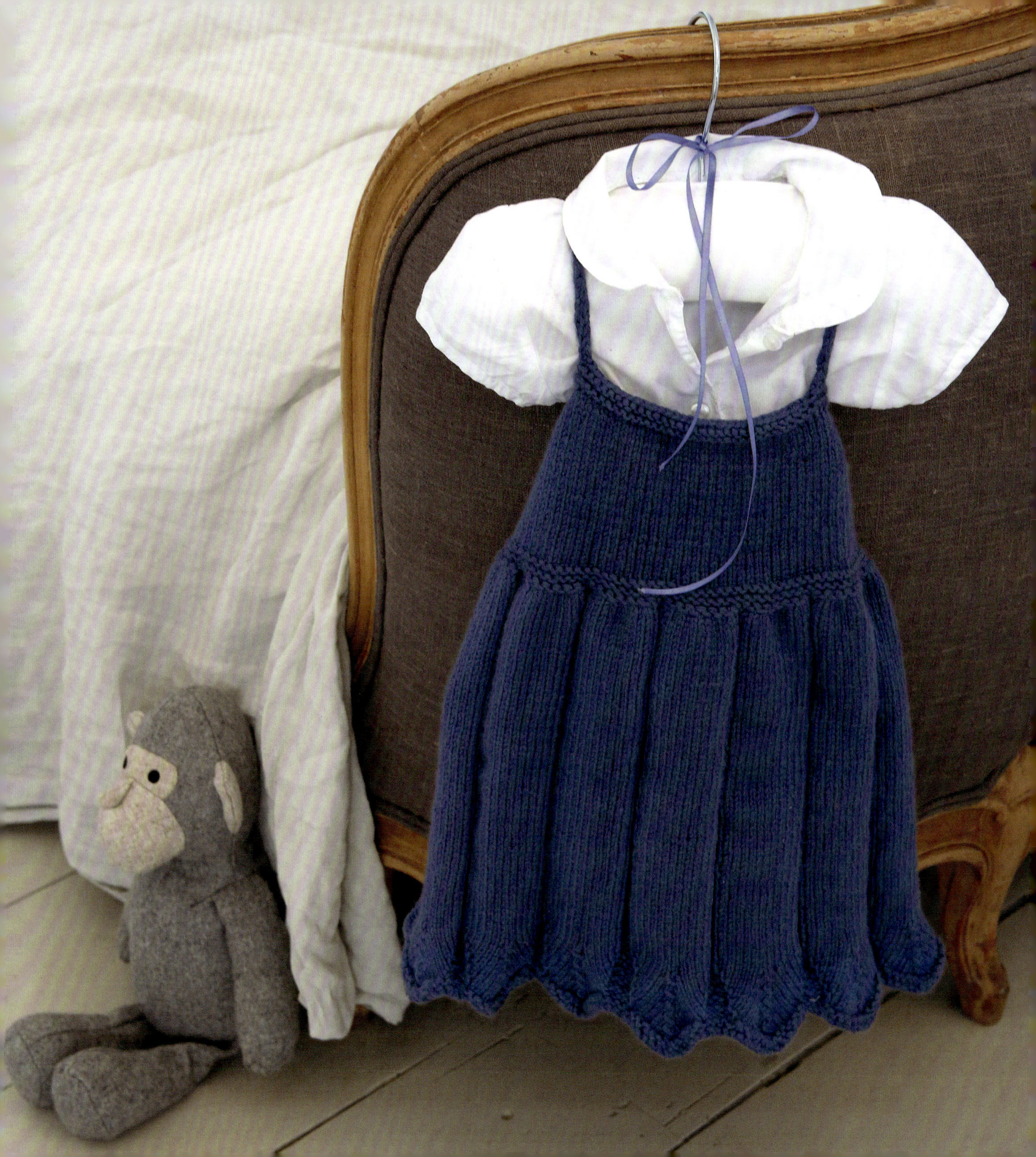

4周目は編み地がスカラップの先端から 18（22、26）cm になるまでくり返します。
次の周：＊裏目の 2 目一度、＊以降を最後までくり返します。合計 96（104、112）目。

0-3ヵ月と3-6ヵ月のサイズ

次の周：表編み 21（23）目、右上 2 目一度、表編み 2 目、左上 2 目一度、表編み 42（46）目、右上 2 目一度、表編み 2 目、左上 2 目一度、最後まで表編み。合計 92（100）目。

6-12ヵ月のサイズ

次の周 表編み 24 目、むこう側から針を入れて 1 目すべり目、表編みで 2 目一度、すべり目した目をかぶせる、表編み 2 目、むこう側から針を入れて 1 目すべり目、表編みで 2 目一度、すべり目した目をかぶせる、表編み 48 目、むこう側から針を入れて 1 目すべり目、表編みで 2 目一度、すべり目した目をかぶせる、表編み 2 目、むこう側から針を入れて 1 目すべり目、表編みで 2 目一度、すべり目した目をかぶせる、最後まで表編み。合計 104 目。

すべてのサイズ

次の周：最後まで裏編み。
次の周：最後まで表編み。
次の周：最後まで裏編み。
　1 周あたり表編みは 1cm。
次の周：最後に 10 目残るまで表編み、背中の中央部分で伏せ目 20 目。合計 72（80、84）目。

✤ 短い段 ✤

次の段：最後から 1 目手前まで表編み、次の目をすべり目して右の針にかけ、糸をその目のむこう側に巻いてから、またすべり目で左の針に戻します。編み地を返します。（引き返し編み）
次の段：最後から 1 目手前まで裏編みし、次の目に引き返し編みをします。
＊**次の段**：巻き目から 1 目手前まで表編みし、次の目に引き返し編みをします。
次の段：巻き目の 1 目手前まで裏編みし、次の目に引き返し編みをします。
　＊以降を両側に巻き目が 6（8、10）目できあがるまでくり返します。
次の段：引き返し編みの目まで表編みし、＊巻き目を拾って、次の目と一緒に表編みをします。＊以降を段の最後までくり返します。編み地を返します。
次の段：すべり目 1 目、巻き目まで裏編み、＊巻き目を拾って次の目と一緒に表編みをします。＊以降を段の最後までくり返しま

パターン

作り目 192（208、224）目。両端をつないで輪に編みます。輪の終わりがわかるように目数リングを通します。
1周目：最後まで裏編み。
2周目：最後まで表編み。
3周目（すそ飾りのスカラップの周）：＊裏編み 2 目、表編みで 1 目増目、表編み 5 目、むこう側から針を入れて 1 目すべり目、表編みで 2 目一度、すべり目した目をかぶせる、表編み 5 目、1 目増し目、裏編み 1 目、＊以降を周の最後までくり返します。
4周目：裏編み 2 目、＊表編み 13 目、裏編み 3 目、＊以降を最後に 14 目残るまでくり返し、表編み 13 目、裏編み 1 目。
　最後の 2 周をさらに 3（4、5）回くり返します。

す。ボディスの前面は 6.25（7.5、9）cm と
なります。
　すべての目を伏せ目にします。

仕上げ

　背中の中央から始め、ネックラインの 92
（100、104）目を拾って表編みします。両
端をつないで輪にします。
1周目：最後まで裏編み。
1周目：最後まで表編み。
1周目：最後まで裏編み。
　13（15、16）目を伏せ目、表編み 3目、
伏せ目 14目、表編み 3目、伏せ目 26（30、
32）目、表編み 3目、伏せ目 14目、表編み
3目、伏せ目 13（15、16）目。
　4本のストラップすべてを安全ピンに通
します。
　左前のストラップの編み目を編み針に通
します。
1段目：裏編み 1目、表編み 1目、裏編み 1目。
2段目：表編み 1目、裏編み 1目、表編み 1目。
　この 2段を長さが 18（19、20）cm にな
るまでくり返します。ストラップを右後ろ
の取り付け部分にメリヤスとじ「p.17 を参
照」で接合します。これを右前のストラッ
プにも行います。ストラップは背中で交差
することに注意してください。
　編み終わりの糸を編み地に縫いこみます。
　スカートのひだを伸ばさないように、軽
くブロッキングします。

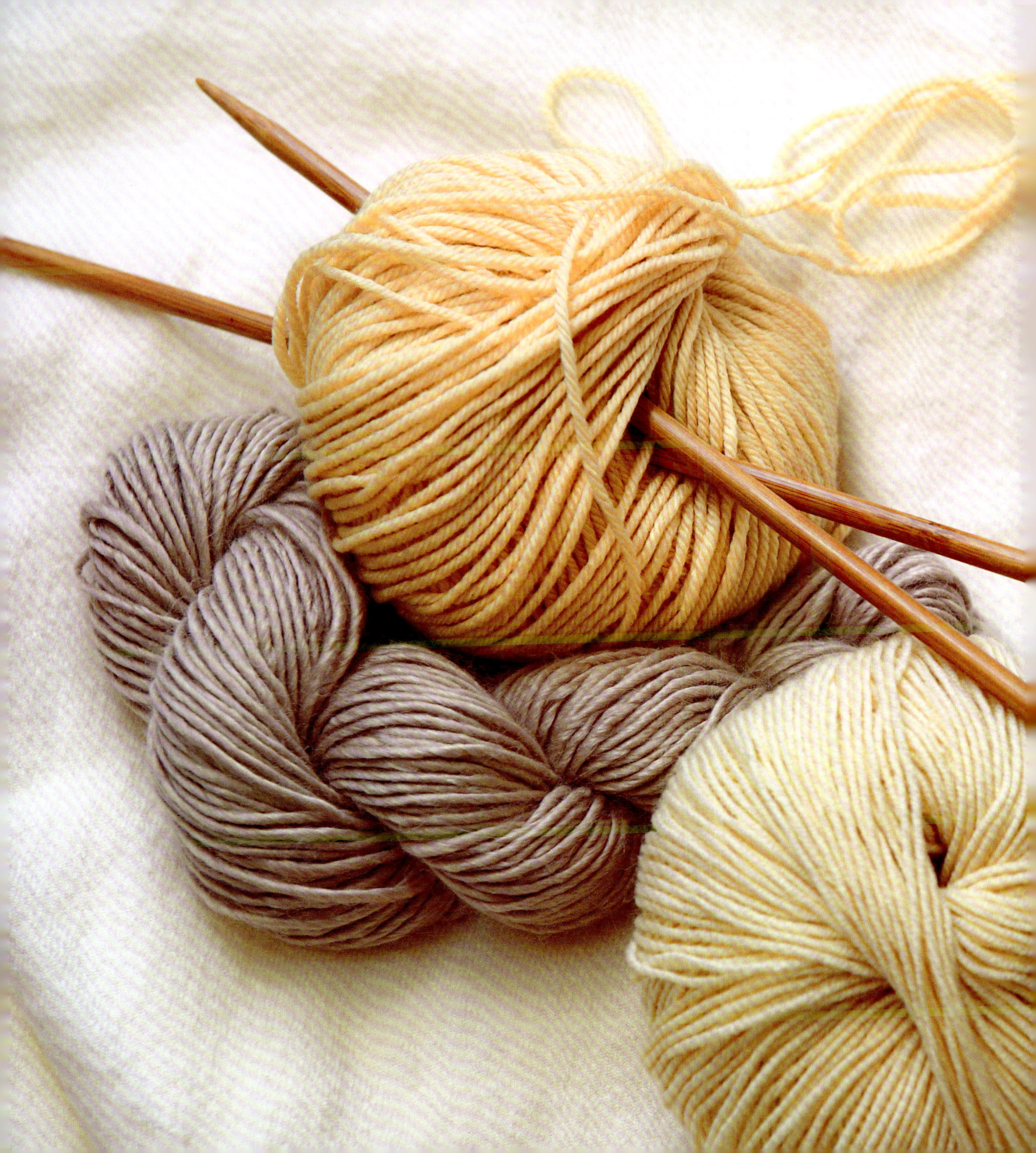

妊娠後期に編みたいもの

待ち遠しい。

それ以外にこの時期を表す言葉はないでしょう。

この時期のために、

時間をかけずに編むことができるパターンを紹介します。

どれも簡単ですが、

待ちわびる気持ちを紛らわせる程度に複雑なものもあります。

たとえば、

マドックス・ハット、タイム・フライズ・ブーティ、フクロウとサルのクッションは、

心を落ち着かせてくれることでしょう。

チッカディー・ハット

娘のマイレはピート・シーガーの子守唄
『リトル・バード、リトル・バード、
フライ・スルー・マイ・ウィンドウ』が
大好きで、色々な鳥の名前で
替え歌を作ってよく歌います。
「モッキンバード、モッキングバード、
フライ・スルー・マイ・ウィンドウ」というように。
でも、やはりお気に入りは
チッカディー（アメリカコガラ）なのです。

サイズ

0-6ヵ月（頭囲36cm）、6-12ヵ月（頭囲40cm）、写真は6-12ヵ月 ※ぴったりとフィットするデザインなので、頭囲は11ページ掲載より小さく設定しています。

材料

メインカラー：デビー・ブリス・ベビー・カシメリノ（100 White）50g×1
コントラストカラー：デビー・ブリス・ベビー・カシメリノ（001 Yellow）50g×1
2号（US 2.75mm）の両端がとがった棒針5本組、2号（US 2.75mm）長さ30cmの輪針1本、直径8mmの黒いボタン2個、とじ針、針と糸

ゲージ

メリヤス編み2号（US 2.75mm）28目30段で10cm角

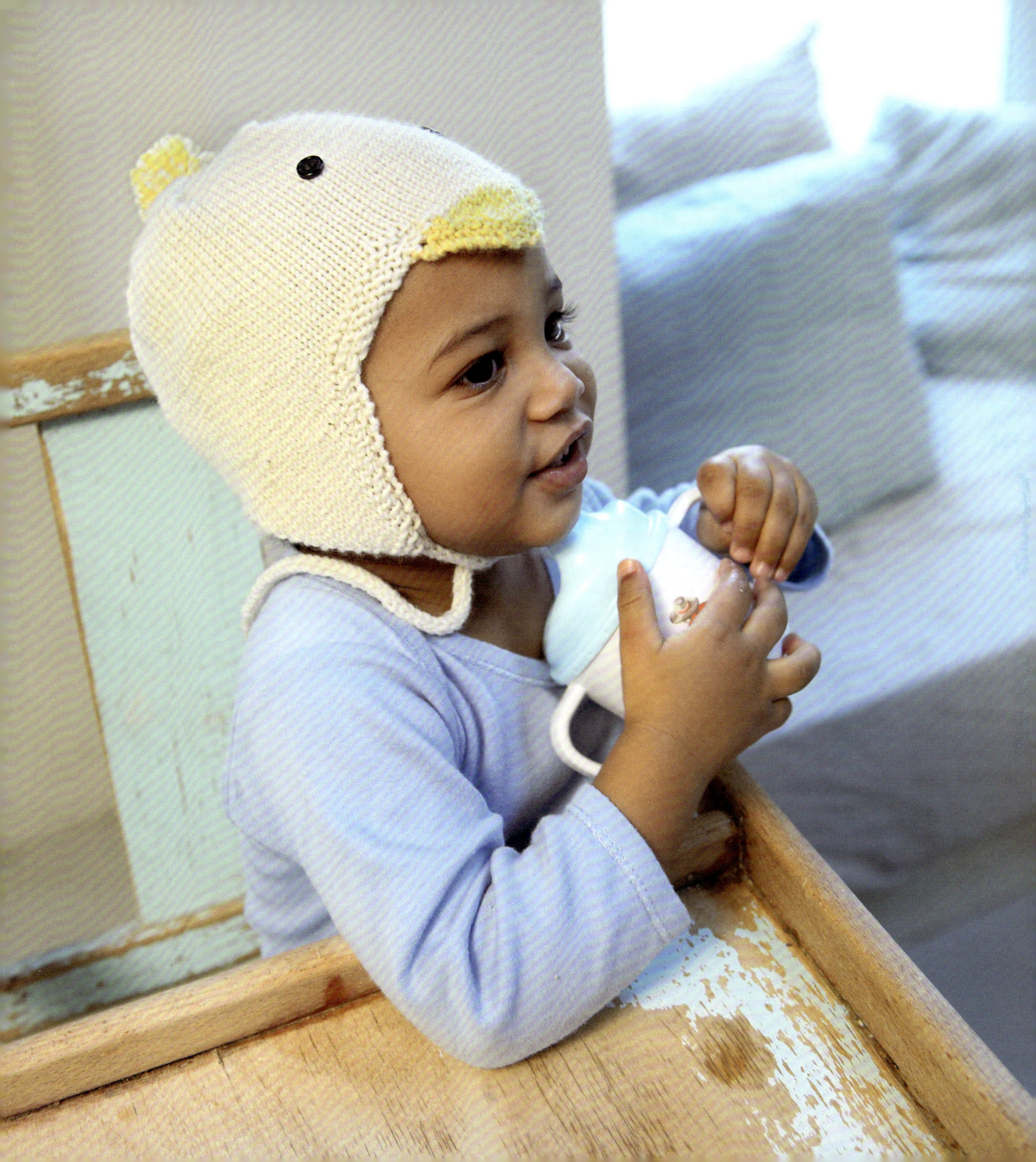

パターン

❋ 耳あて（2枚製作）❋

2号（US 2.75mm）の両端が尖った棒針を使ってメインカラーで作り目3目。22cmのアイコード「p.14を参照」を作ります。
1段目（表側）：表編み1目、1目増し目、表編み1目、1目増し目、表編み1目。合計5目。
2段目：最後まで表編み。
3段目：表編み1目、表編みで1目増、最後まで表編み、表編みで1目増、表編み1目。合計7目。
4段目：最後まで表編み。
5段目：表編み1目、表編みで1目増、最後まで表編み、表編みで1目増、表編み1目。合計9目。
6段目：最後まで表編み。
＊7段目：表編み1目、表編みで1目増、最後まで表編み、表編みで1目増、表編み1目。合計11目。
8段目：表編み4目、表編み4目、4目残るまで裏編み、表編み4目。
＊以降を21(23)目残るまでくり返します。糸を切り、両端が尖った棒針に糸を残しておきます。

❋ ひさし ❋

2号（US 2.75mm）の両端が尖った棒針を使ってコントラストカラーで3目作り目をします。
1段目（裏側）：最後まで表編み。
2段目：表編み1目、表編みで1目増、最後まで表編み、表編みで1目増、表編み1目。合計5目。
3段目：最後まで表編み。
1表編み1目、表編みで1目増、最後まで表編み、表編みで1目増、表編み1目。合計7目。
5段目：最後まで表編み。
1表編み1目、表編みで1目増、最後まで表編み、表編みで1目増、表編み1目。合計9目。
7段目：最後まで表編み。合計9目。
1表編み1目、表編みで1目増、最後まで表編み、表編みで1目増、表編み1目。合計11目。
＊9段目：表編み4目、4目残るまで裏編み、表編み4目。
10段目：表編み1目、表編みで1目増、最後まで表編み、表編みで1目増、表編み1目。合計13目。＊以降を目数が17目になるまでくり返します。
次の段：表編み4目、4目残るまで裏編み、表編み4目。糸を切る。

両端がとがった編み針に目を残しておきます。

❋ 帽子のつば ❋

2号（US 2.75mm）の輪針とメインカラーを使って、1つめの耳当てに表編みをします。ケーブルキャストオン「p.13を参照」で作り目25(29)目、耳当てに表編み、ケーブルキャストオンで作り目8(10)目、ひさしに表編み、ケーブルキャストオンで作り目8(10)目。両端をつないで輪編みにして100(112)目編みます。（注意：ケーブルキャストオンの作り目はねじれやすいため、輪編みにする際に編み目がまっすぐであることを確認しましょう）

1周目（表側）：裏編み3目、表編み15(17)目、裏編み31(35)目、表編み15(17)目、裏編み14(16)目、表編み11目、裏編み11(13)目。
2周目：最後まで表編み。
3周目：裏編み2目、表編み17(19)目、裏編み29(33)目、表編み17(19)目、裏編み12(14)目、表編み13目、裏編み10(12)目。
4周目：最後まで表編み。
5周目：裏編み1目、表編み19(21)目、裏編み27(31)目、表編み19(21)目、裏編み10(12)目、表編み15目、裏編み9(11)目。
6周目：最後まで表編み。

編み地の長さが、ケーブルキャストオンの作り目から10cmになるまで、メリヤス編みでまっすぐに編みます。

❊ 頭頂部 ❊

次の段：＊表編み 8（12）目、左上 2 目一度、＊以降を最後までくり返します。合計 90（104）目。
次の段：最後まで表編み。
次の周：＊表編み 7（11）目、左上 2 目一度、＊以降を最後までくり返します。合計 80（96）目。
次の周：最後まで表編み。
次の周：＊表編み 6（10）目、左上 2 目一度、＊以降を最後までくり返します。合計 70（88）目。
次の周：最後まで表編み。
次の周：＊表編み 5（9）目、左上 2 目一度、＊以降を最後までくり返します。合計 60（80）目。
次の周：最後まで表編み。
次の周：＊表編み 4（8）目、左上 2 目一度、＊以降を最後までくり返します。合計 50（72）目。
次の周：最後まで表編み。
次の周：＊表編み 3（7）目、左上 2 目一度、＊以降を最後までくり返します。合計 40（64）目。
次の周：最後まで表編み。
次の周：＊表編み 2（6）目、左上 2 目一度、＊以降を最後までくり返します。合計 30（56）目。

6-12ヵ月のサイズ

次の周：最後まで表編み。
次の周：＊表編み 5 目、左上 2 目一度、＊以降を最後までくり返します。合計 48 目。
次の周：最後まで表編み。
次の周：＊表編み 4 目、左上 2 目一度、＊以降を最後までくり返します。合計 40 目。
次の周：＊表編み 3 目、左上 2 目一度、＊以降を最後までくり返します。合計 32 目。
次の周：＊表編み 2 目、左上 2 目一度、＊以降を最後までくり返します。合計 24 目。

すべてのサイズ

次の周：＊表編み 1 目、左上 2 目一度、＊以降を最後までくり返します。合計 20（16）目。
次の周：＊左上 2 目一度、＊以降を最後までくり返します。合計 10（8）目。

糸を長く残して切り、残った編み目に通してきっちりと引き締め、穴を閉じます。ケーブルキャストの作り目に隙間がないか確かめながら、残りの糸を縫いこみます。

仕上げ

写真のようにボタンを縫いつけます。
　ポンポンを作ります。厚紙を幅 3cm 長さ 4cm の長方形に切り、そこにメインカラーとコントラストカラーの糸を何回も巻きつけます。もうよいと思ってからさらに巻くくらいがよいでしょう。それから糸を切り、メインカラーを通したとじ針を巻きつけた糸の下に差し入れ、しっかりと結びます。（この結び目はポンポンがバラバラにならないためのものです。）糸を長めに切ります。厚紙を返し、結び目と反対側の糸を切ります。よく切れるハサミでボール型になるように丁寧に切りそろえると、ふわふわになります（私はいつもうまくできないのですが）。長めに切り残した糸を使って、ポンポンを帽子のトップに縫いつけます。

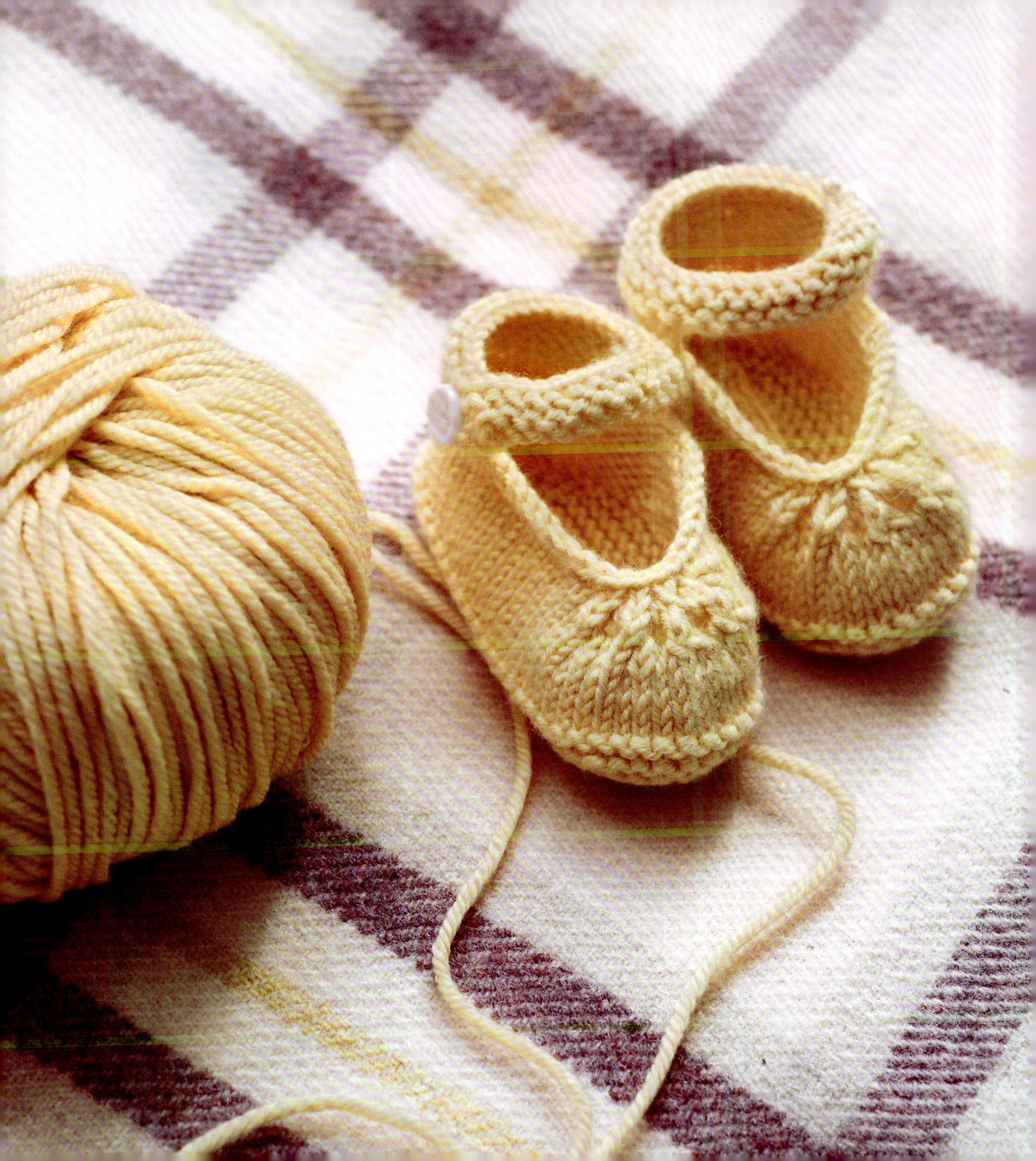

タイム・フライズ・ブーティ

小さくてデリケートな赤ちゃんの足に最高の、
美しいブーティ。
昔ながらのシンプルなデザインは、
きっと心まで暖かくしてくれます。

サイズ
0-3ヵ月

材料
デビー・ブリス・ベビー・カシメリノ（001 Yellow）50g×1
2号（US 2.75mm）の両端が尖った棒針5本1セット、直径8mmのボタン2個、とじ針、針と糸

ゲージ
メリヤス編み2号（US2.75mm）26目37段で10cm角

パターン

✣ 右足 ✣

作り目 40 目、長めに糸を残して切ります。両端が尖った棒針 3 本に均等に作り目を分けて、輪に編んでいきます。まず裏編みで 1 周します。
1 周目：表側最後まで裏編み。
2 周目：表編み 1 目、表編みで 1 目増目、表編み 18 目、表編みで 1 目増目、表編み 2 目、表編みで増目 1 目、表編み 18 目、表編みで 1 目増目、表編み 1 目。合計 44 目。
3 周目：最後まで裏編み。
4 周目：表編み 1 目、表編みで 1 目増目、表編み 18 目、表編みで 1 目増目、表編み 4 目、増目 1 目、表編み 18 目、表編みで 1 目増目、表編み 2 目。合計 48 目。
5 周目：最後まで裏編み。
6 周目：表編み 3、表編みで 1 目増目、表編み 18 目、表編みで 1 目増目、表編み 6 目、表編みで 1 目増目、表編み 18 目、表編みで 1 目増目、表編み 3 目。合計 52 目。
7 周目：最後まで裏編み。
8 周目：表編み 4 目、増目 1 目、表編み 18 目、表編みで 1 目増目、表編み 8 目、増目 1 目、表編み 18 目、増目 1 目、表編み 4 目。合計 56 目。
9 周目：最後まで裏編み。
10 周目：最後まで表編み。
11 周目：最後まで裏編み。
12-17 周目：最後まで表編み。
18 周目：表編み 20 目、（右上 2 目一度）×4、（左上 2 目一度）×4、表編み 20 目。合計 48 目。
19 周目：表編み 20 目、（糸を編み地の手前に置く、左上 2 目一度）×4、表編み 20 目。
20 周目：最後まで表編み。
21 周目：表編み 18 目、（右上 2 目一度）×3、（左上 2 目一度）×3、表編み 18。合計 42 目。
22 周目：表編み 10 目、伏せ目 22 目、表編み 10 目。

✣ 右足のストラップ ✣

次の段：表編み 10 目、合計 20 目が両端が尖った棒針に残った状態から編み始めます。巻き目の作り目「p.13 を参照」で 14 目。合計 34 目。
次の段：最後まで表編み。
次の段：3 目残るまで表編み、左上 2 目一度、かけ目、表編み 1 目。
次の段：最後まで表編み。
すべての目を表目で伏せ目にします。

✣ 左足 ✣

右足と同様に 22 周まで編んだら、以下を行います。

✣ 左足のストラップ ✣

次の段：表編み 10 目、合計 20 目が両端が尖った棒針に残った状態から編み始めます。
次の段：裏編み 20 目、巻き目の作り目で 14 目。合計 34 目。
次の段：最後まで裏編み。
次の段：3 目残るまで裏編み、裏目の 2 目一度、かけ目、裏編み 1 目。
次の段：最後まで裏編み。
すべての目を裏目で伏せ目にします。

仕上げ

作り目の糸の残りを使って、ブーティの底を縫い合わせます。ストラップの糸の端を縫いこみます。ボタンホールの反対側にボタンを縫いつけます。
ブーティをぬるま湯につけて編み目をゆるめ、手で形を整えます。綿やフランネルの切れなどをつめてもよいでしょう。そのまま乾燥させます。

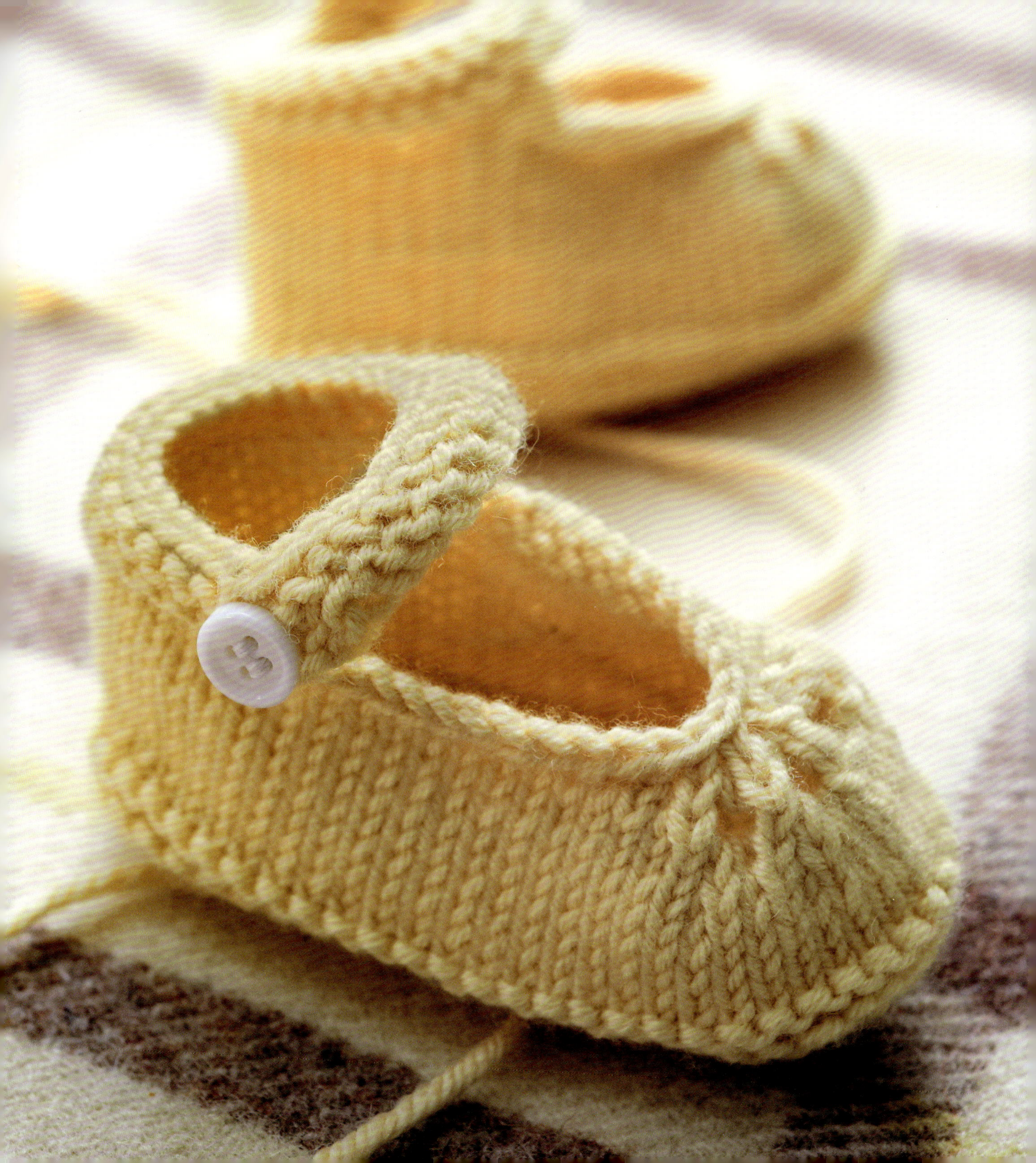

バープクロス

これはバープクロス（吐き戻し用のケープ）で、
デザインは3つあります。
とても実用的で、使うほどに
（そして、ああ、汚すほどに！）柔らかくなります。
出産予定日の数週間前に編み始めても
間に合うほど、編むのが簡単。
使用する糸は、繊細で飾り気がない色合いと、
娘が頬ずりしたくなるほどナチュラルな風合いです。
それぞれのクロスのパターンに合わせて
お好きな色を選んでください。

サイズ

ワンサイズ

材料

糸はすべてローワン・ベル・オーガニック DK・バイ・エイミー・バトラー DK
色：009 Hibisucus：50g×1
色：015 Slate：50g×1
色：017 Zinc：：50g×1
10号（US 5mm）の棒針1組、とじ針

ゲージ

メリヤス編み 10号（US 5mm）23目28段で10cm四方

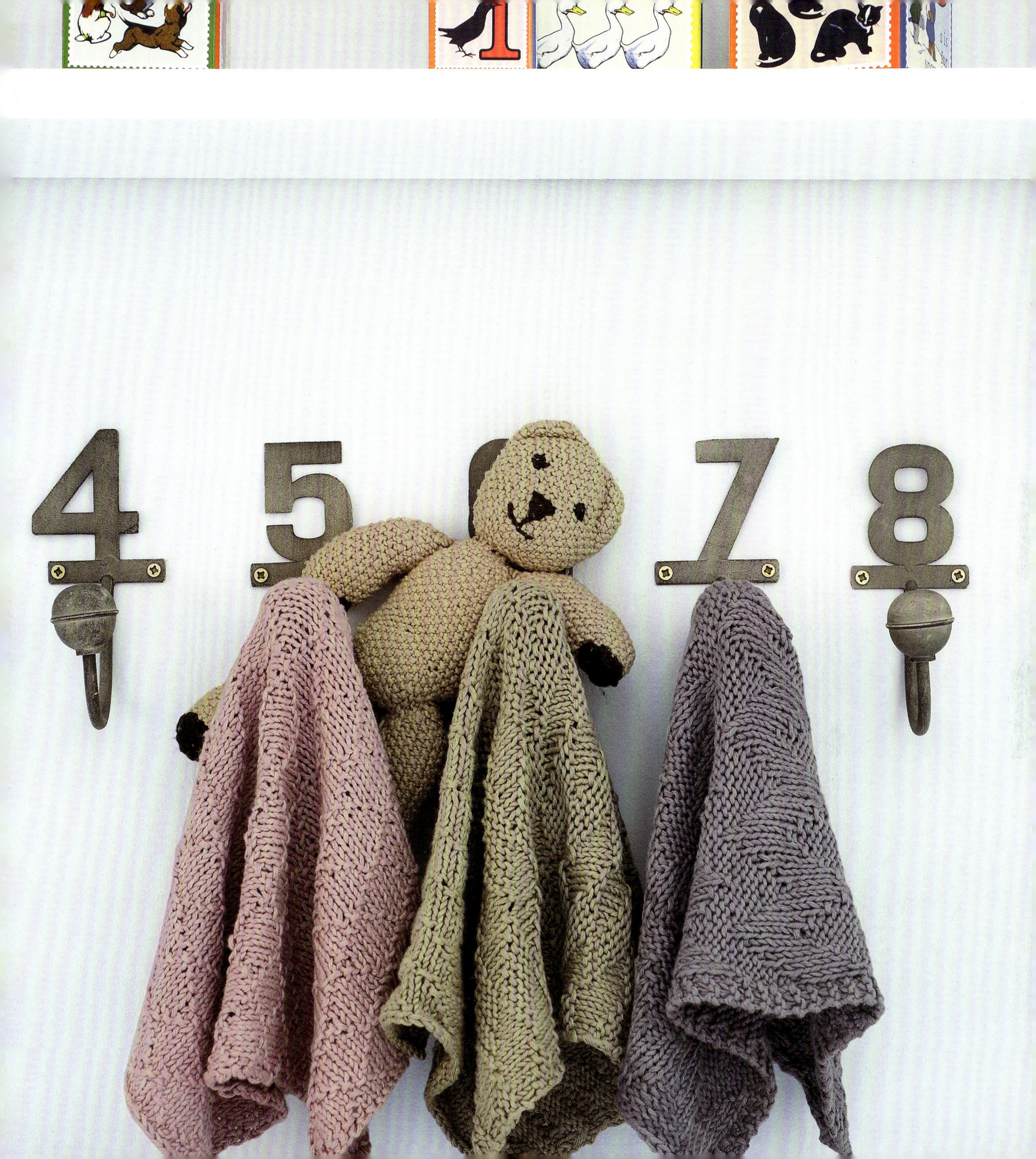
4
5
7
8

❋ ダイアモンド・ブロケードのクロス ❋

作り目 49 目

1段目：表編み4目、＊裏編み1目、表編み7目、＊以降を5目残るまでくり返し、裏編み1目、表編み4目。
2段目：裏編み3目、＊表編み1目、裏編み1目、表編み1目、裏編み5目、＊以降を6目残るまでくり返し、表編み1目、裏編み1目、表編み1目、裏編み3目。
3段目：表編み2目、＊裏編み1目、表編み3目、＊以降を3目残るまでくり返し、裏編み1目、表編み2目。
4段目：裏編み1目、＊表編み1目、裏編み5目、表編み1目、裏編み1目、＊以降を最後までくり返します。
5段目：＊表編み1目、表編み7目、＊以降を最後までくり返し、裏編み1目。
6段目：4段目と同じ。
7段目：3段目と同じ。
8段目：2段目と同じ。

上記8段を、編み地が約40cmになり最後が1段目または5段目になるまでくり返します。

すべての目を伏せ目にします。

❋ パラレログラム・チェックのクロス ❋

50目の作り目をします。

1段目：＊表編み5目、裏編み5目、＊以降を最後までくり返します。
2段目：表編み4目、＊裏編み5目、表編み5目、＊以降を6目残るまでくり返し、裏編み5目、表編み1目。
3段目：裏編み2目、＊表編み5目、裏編み5目、＊以降を8目残るまでくり返し、表編み5目、裏編み3目。
4段目：表編み2目、＊裏編み5目、表編み5目、＊以降を8目残るまでくり返し、裏編み5目、表編み3目。
5段目：裏編み4目、＊表編み5目、裏編み5目、＊以降を6目残るまでくり返し、表編み5目、裏編み1目。
6段目：＊裏編み5目、表編み5目、＊以降を最後までくり返します。

上記6段を、編み地が約40cmになり最後が6段目になるまでくり返します。

すべての目を伏せ目にします。

❋ シェブロン・クロス ❋

47目作り目をします。
1段目：表編み4目、＊裏編み7目、表編み1目、＊以降を3目残るまでくり返し、表編み3目。
2段目：表編み3目、裏編み1目、＊表編み7、裏編み1目、＊以降を3目残るまでくり返し、表編み3目。
3段目：表編み5目、＊裏編み5目、表編み3目、＊以降を10目残るまでくり返し、裏編み5目、表編み5目。
4段目：表編み3目、裏編み2目、＊表編み5目、裏編み3目、＊以降を10目残るまでくり返し、表編み5目、裏編み2目、表編み3目。
5段目：表編み6目、＊裏編み3目、表編み5目、＊以降を9目残るまでくり返し、裏編み3目、表編み6目。
6段目：表編み3目、裏編み3目、＊表編み3目、裏編み5目、＊以降を9目残るまでくり返し、表編み3目、裏編み3目、表編み3目。
7段目：表編み7目、＊裏編み1目、表編み7目、＊以降を8目残るまでくり返し、裏編み1目、表編み7目。
8段目：表編み3目、裏編み4目、＊表編み1目、裏編み7目、＊以降を8目残るまでくり返し、表編み1目、裏編み4目、表編み3目。
9段目：2段目と同じ。
10段目：1段目と同じ。
11段目：4段目と同じ。
12段目：3段目と同じ。
13段目：6段目と同じ。
14段目：5段目と同じ。
15段目：8段目とと同じ。
16段目：7段目と同じ。

上記16段を編み地が約40cmになり最後が8段目または16段目になるまでくり返します。
すべての目を伏せ目にします。

仕上げ

編み終わりの糸を編み地に縫いこみます。クロスをぬるま湯につけて編み目をゆるめ、平らな場所で適切な幅、長さに広げます。

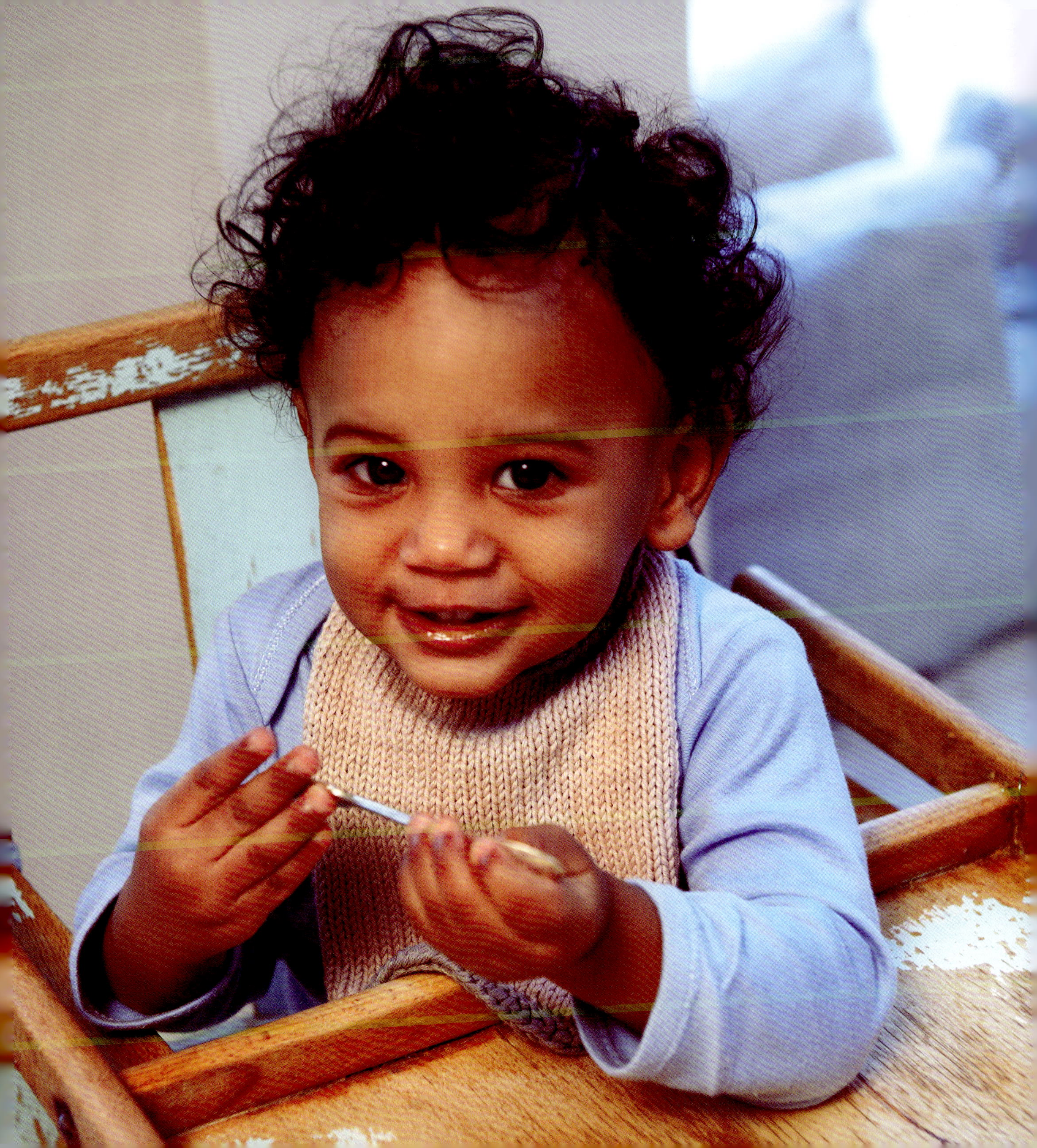

ビブス

ママなら誰もが、使い勝手のよいビブスは数枚あれば、十分に実用的で便利だと言うでしょう。このクラシカルなビブスは、あっというまに編むことができます。

サイズ

13cm × 15cm

材料

糸はすべてローワン・ベル・オーガニック DK・バイ・エイミー・バトラー DK

色（メインカラー）：009 Hibisucus：50g×1

色（コントラストカラー）：015 Slate：50g×1

5-6号（US 3.75mm）棒針 1組、

3号（US 3.0mm）長さ30cmの輪針、

5号（US 3.5mm）の両端がとがった棒針（あれば）、とじ針

ゲージ

メリヤス編み 5-6号（US 3.75mm）22.5目 31段で10cm四方

次の段：表編み 10目、伏せ目 20目、表編み 10目。

❋ 右の首回り ❋

左の首回りの編み目は編み針に残し、右の首回りから始めます。
次の段：3目残るまで裏編み、ねじり右上2目一度、裏編み1目。合計9目。
＊次の段：最後まで表編み。
次の段：3目残るまで裏編み、ねじり右上2目一度、裏編み1目。合計9目。
　＊以降を3目残るまでくり返します。
次の段：最後まで表編み。
次の段：ねじり右上2目一度、裏編み1目。
次の段：左上2目一度。
　糸を切って残りの編み目に通します。
　糸を残りの糸につなぎ、左の首回りも右と同様に、ただし対称になるようにしてください。

仕上げ

❋ 縁取り ❋

編み終わりの糸を編み地に縫いこみます。
　表側を上にして、コントラストカラーと輪針を使い、ビブスの外周（首回りを含まない）の目を110目拾い、表編みをします。
次の段：最後まで表編み。
　ケーブルキャストオン「p.13を参照」で左の針に作り目を3目します。
次の段：＊表編み2目、裏目の2目一度、編み目を左の針にすべらせ、糸を前に渡します。＊以降を3目残るまでくり返します。糸を長く残して切り、残りの3目に通して、強く引きます。
　表側を上にして、コントラストカラーと輪針を使い、首回りから40目拾って表編みをします。
次の段：最後まで表編みをします。
　外周と同じように縁取りの始末をします。

パターン

❋ ビブス ❋

メインカラー、5-6号（US 3.75mm）の棒針で30目作り目をします。
＊1段目（裏側）：最後まで裏編み。
2段目：表編み2目、表編みで1目増目、2目残るまで表編み、表編みで1目増目、表編み2目、＊以降を目数が40目になるまでくり返します。
　編み地が15cmになり最後に裏側の目が来るまでメリヤス編みでまっすぐに編みます。

※ **右のヒモ** ※

　コントラストカラーと両端が尖った棒針または輪針を使って、編み地を表を上にして、首回りの上端より2目、外周と首回りが出合うスペースから1目、外周の上端から2目（合計5目）を拾って表編みをします。

　編み目を別の棒針に移し、糸を編み地の後ろ側に渡らせて、左上2目一度、表編み1目、左上2目一度（合計3目）を編みます。

　アイコード「p.14を参照」を30cm編みます。糸を切って残りの編み目に通します。左の首回りも同様にします。

　編み終わりの糸を編み地に縫いこみます。

　好きな大きさに広げてブロッキングをします。

サマー・バケット・ハット

マイレはなかなか帽子をかぶろうとしませんでした。
気が変わって帽子をかぶったのは、
なぜか夏のことでした。
彼女は、耳が冷たくなるのは気にならなくても、
日差しが目にとびこむのは
がまんできないのです。
このバケツ型のコットンの帽子の「つば」は、
まぶしくない程度に幅があっても、
視界をさえぎりません。
そして、やや伸縮性がある糸のおかげで、
簡単に脱げません。

サイズ

0-6ヵ月（頭囲37cm）、6-12ヵ月（頭囲40cm）
写真は6-12ヵ月　※ぴったりとフィットするデザインなので、頭囲は11ページ掲載より小さく設定しています。

材料

ローワン・オールシーズン・コットン（191 Jersey）50g×1
5-6号（US 3.75mm）長さ30cmの輪針1組、8号（US 4.5mm）長さ30cmの輪針1組、8号の両端が尖った棒針51組（4.5mm）3号（US 3.0mm）長さ30cmの輪針、5号（US 3.5mm）の両端が尖った棒針（あれば）、とじ針

ゲージ

メリヤス編み5-6号（US 3.75mm）18目 28.5段で10cm四方。
メリヤス編み8号（US 4.5mm）17目 27段で10cm四方。

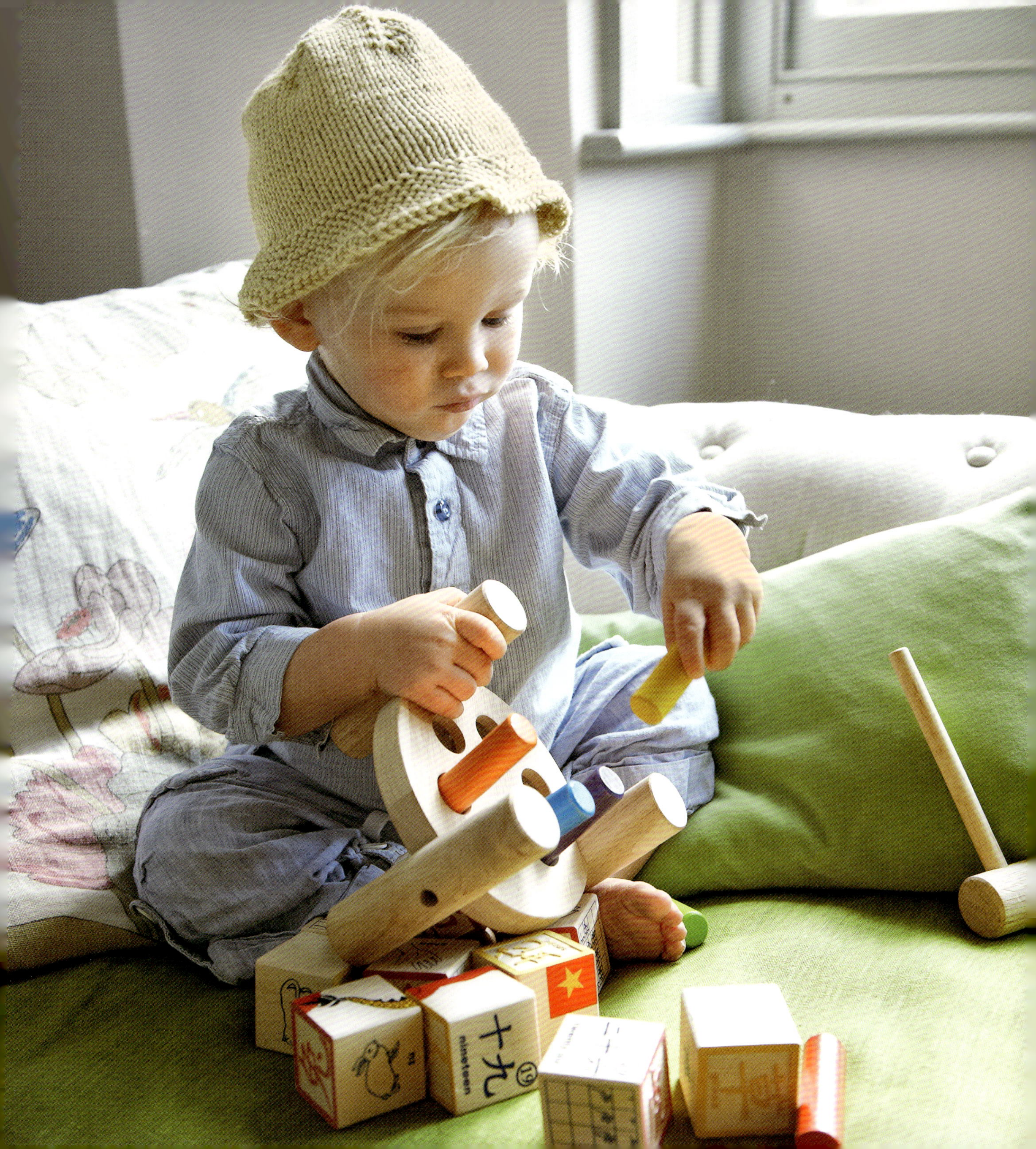
十九
nineteen
19

パターン

❊ つば ❊

5-6号（US 3.75mm）の輪針で112目を作り目し、輪に編んでいきます。

1周目：最後まで裏編み。
2周目：＊表編み12目、左上2目一度、＊以降を最後までくり返します。合計104目。
3周目：最後まで裏編み。
4周目：＊表編み11目、左上2目一度、＊以降を最後までくり返します。合計96目。
5周目：最後まで裏編み。
6周目：＊表編み10目、左上2目一度、＊以降を最後までくり返します。合計88目。
7周目：最後まで裏編み。
8周目：＊表編み9目、左上2目一度、＊以降を最後までくり返します。合計80目。
9周目：最後まで裏編み。
10周目：＊表編み8目、左上2目一度、＊以降を最後までくり返します。合計72目。
11周目：最後まで裏編み。

編み針を8号（US 4.5mm）に変更します。

0-6ヵ月のサイズ

次の段：（表編み7目、左上2目一度）×8。合計64目。

6-12ヵ月のサイズ

次の段：（表編み16目、左上2目一度）×4。合計68目。

すべてのサイズ

メリヤス編みの部分が長さ8（9）cmになるまでまっすぐに編みます。

6-12ヵ月のサイズ

次の段：（表編み32目、左上2目一度）×2。合計66目。

❊ 頭頂部 ❊

すべてのサイズ

頭頂部に向かって、減らし目をしていきます。編みづらくなったら、編み針を8号の両端が尖った棒針に変えましょう。

次の段：＊表編み6（9）目、左上2目一度、＊以降を最後までくり返します。合計56（60）目。
次の段：最後まで表編み。
次の段：＊表編み5（8）目、左上2目一度、＊以降を最後までくり返します。合計48（54）目。
次の段：最後まで表編み。
次の段：＊表編み4（7）目、左上2目一度、＊以降を最後までくり返します。合計40（48）目。
次の段：最後まで表編み。
次の段：＊表編み3（6）目、左上2目一度、＊以降を最後までくり返します。合計32（42）目。
次の段：最後まで表編み。
次の段：＊表編み2（5）目、左上2目一度、＊以降を最後までくり返します。
次の段：最後まで表編み。
次の段：＊表編み1（4）目、左上2目一度、＊以降を最後までくり返します。合計16（30）目。

次の段：最後まで表編み。
次の段：＊表編み0（3）目、左上2目一度、＊以降を最後までくり返します。合計8（24）目。

6-12ヵ月のサイズ

次の段：＊表編み2目、左上2目一度、＊以降を最後までくり返します。合計18目。
次の段：＊表編み1目、左上2目一度、＊以降を最後までくり返します。合計12目。

すべてのサイズ

糸を長めに切り、残りの糸に通して強く引き、穴を閉じます。

仕上げ

編み終わりの糸を編み地に縫いこみます。

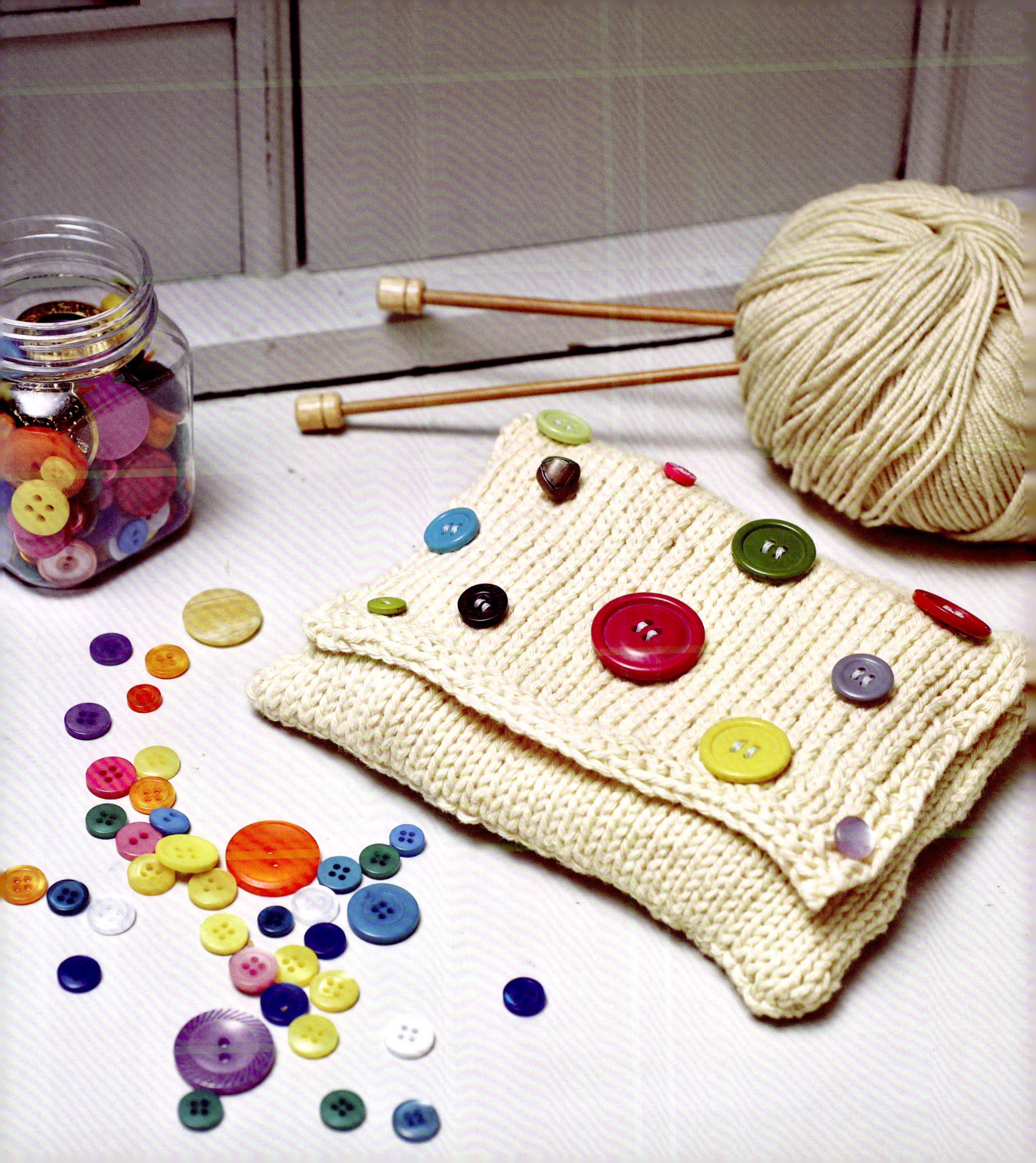

ボタン・バッグ

ボタン・バッグは、大きなボタンをかけたり外したりするのが大好きな幼児のための、昔ながらのおもちゃです。ボタンは飲みこむと危険ですので、しっかりと縫いつけてください。このバッグは、裏表の状態ですべり目とダブルニッティングの技法で編むため、棒針1組で袋状に編むことができます。ボタン、鈴など、手元にある物で飾りましょう。ボタンホールはわざと大きめに作って、小さな指先でもボタンの練習ができるようにします。

サイズ
12cm×16cm

材料
ミラソル・サンパ 100% オーガニック・ナチュラリー・ダイド・コットン 50g×1
6号（US 3.9mm）の棒針1組、ほつれ止め、とじ針、直径 27mm のボタン1個、その他ボタン各種、針と糸

ゲージ
メリヤス編み 6号（US 3.9mm）20目 28段で 10cm 角

パターン

❋ バッグ ❋

66目作り目をします。
1段目（表側）：＊表編み1目、裏目ですべり目、＊以降を最後までくり返します。
　編み地の長さが12cmになり、裏側の段で終わるまで、この段を繰り返します。
次の段：ほつれ止めに1目すべり目し、次の1目はあいている針にすべり目にします。このように、ほつれ止めと編み針に交互に33目ずつ編み目を分けます。

❋ フラップ ❋

1段目（表側）：裏編み2目、表編み29目、裏編み2目。
2段目：表編み2目、裏編み29目、表編み2目。
　上記2段を長さが7cmになり最後に裏側の段が来るまでくり返します。
ボタンホールの段：裏編み2目、表編み13目、伏せ目3目、表編み13目、裏編み2目。
次の段：表編み2目、裏編み13目、巻き目の作り目「p.13を参照」で作り目3目、裏編み13目、表編み2目。
　1段目と2段目を、長さが3cmになり、最後が裏側の段になるまでくり返します。
次の段：最後まで裏編み。
次の段：最後まで表編み。
　すべての目を伏せ目にします。
　ほつれ止めの目を編み針に移し、糸をつないで、すべての目をゆるめの伏せ目にします。

仕上げ

　編み終わりの糸を編み地に縫いこみます。
　軽くアイロンをかけて四隅のに折り目をつけ、四角い形にします。ボタンホールの反対側に直径27mmのボタンを縫いつけます。また、バッグの外側にいろいろなボタンを縫いつけます。

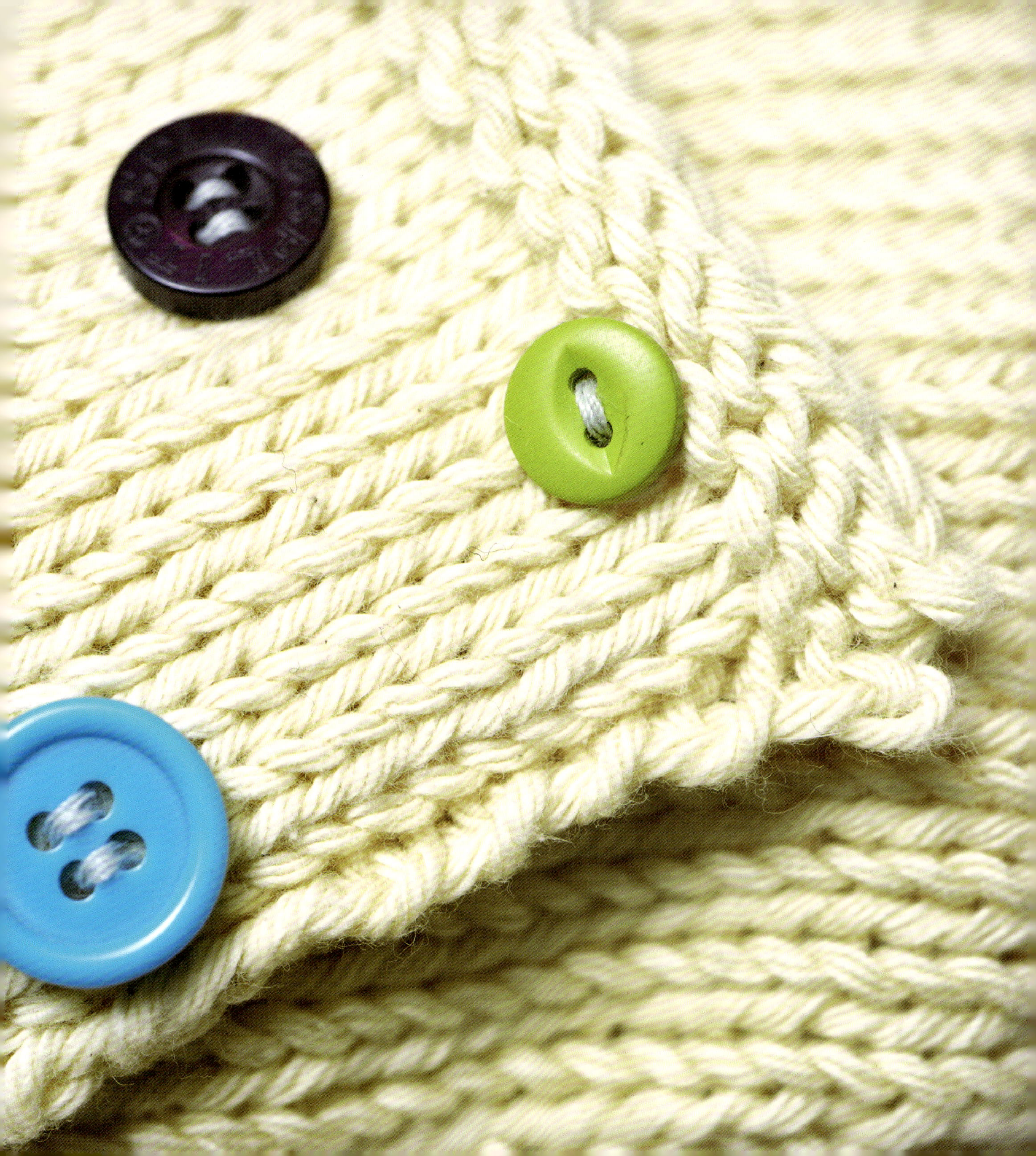

マドックス・ハット

アーティスティックな人々と、
とてもフレンドリーな雰囲気があふれる、
シアトルは素晴らしい町です。
でも私の友人のローラは、
シアトルにしばらく住んだ後、嫌いになってしまいました。
彼女の息子のマドックスが
シアトル市民だったのはたった3カ月ですが、
彼のどこかにシアトルの血が流れていることに
敬意を表して、この暖かくてファンキーな
小さな帽子を作りました。

サイズ
0-6カ月（頭囲38cm）、6-12カ月（頭囲40cm）
写真は0-6カ月　※ぴったりとフィットするデザインなので、頭囲は11ページ掲載より小さく設定しています。

材料
マノス・デル・ウルグアイ・ウール・クラシカ（55 Olive）100g×1
11号(US 5.5mm)の両端が尖った編み針5本組1セット、11号長さ30cmの輪針、直径19mmのボタン1個、安全ピン3つ、とじ針、針と糸

ゲージ
メリヤス編み11号（US 5.5mm）16目 22.5段で10cm角

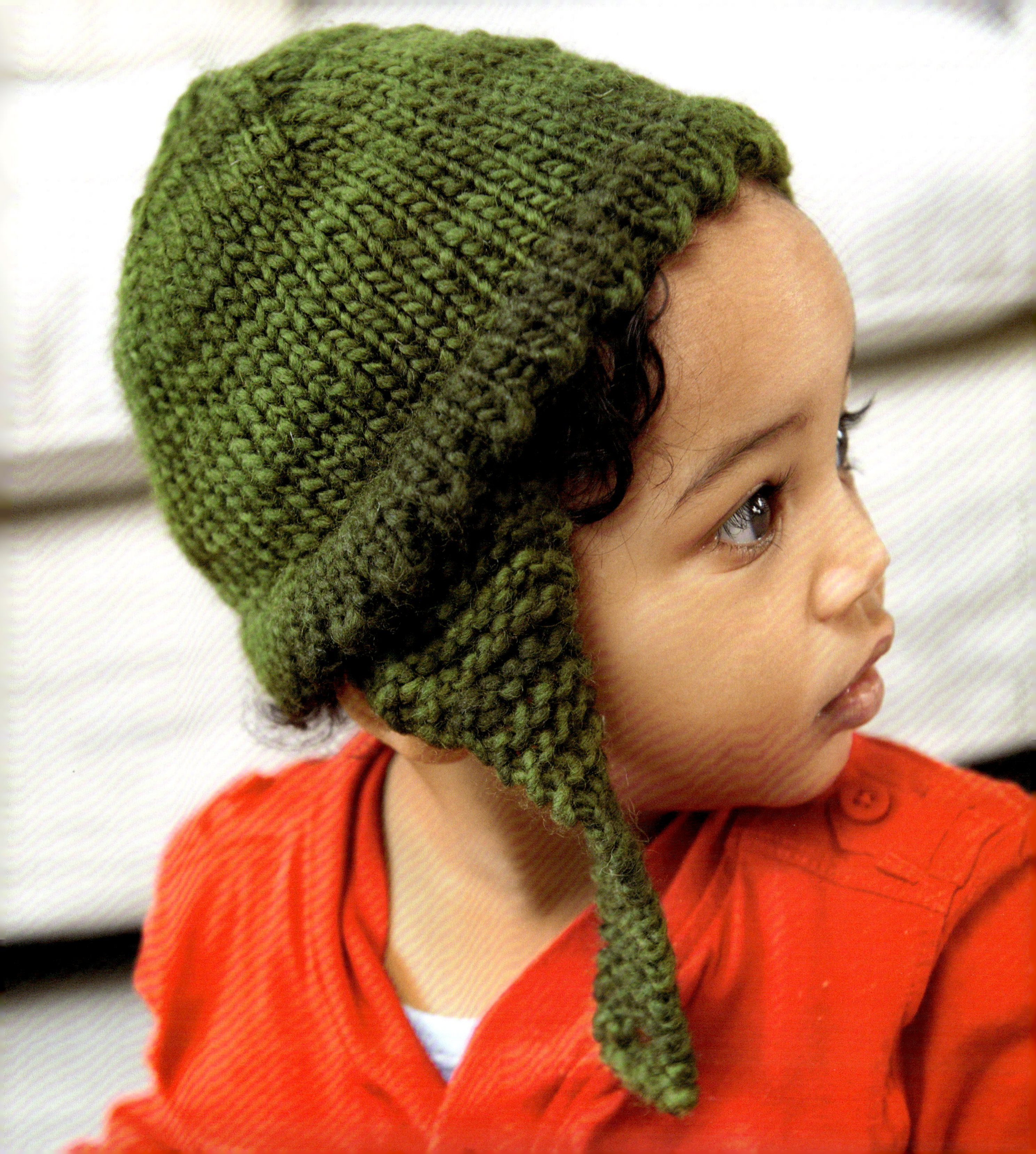

パターン

❋ つば ❋

11号（US 5.5mm）の輪針で60（64）目作り目をして、輪に編んでいきます。

まず、メリヤス編みで4周編みます。

次の周：＊左上2目一度、糸を編み地の手前に置く、＊以降を最後までくり返します。

メリヤス編みで4周編みます。

次の段：＊両端が尖った棒針1本をとり、次に編む目に対応する作り目の輪の中に通します。編み地の5段目（かけ目のある段）に沿って裾を持ち、輪針と平行に両端が尖った棒針を置きます。輪針と両端が尖った棒針からそれぞれ1目ずつ拾って表編みをします。＊以降を最後までくり返します。周の始まりに安全ピンをつけて後ろ中心とします。

編み地の端までが10（11）cmになるまで、メリヤス編みでまっすぐ編みます。

❅ 頭頂部 ❅

すべてのサイズ

頭頂部に向かって減らし目をしていきます。編みづらくなったら、編み針を11号の両端が尖った棒針に変えましょう。

次の段：＊表編み8（6）目、左上2目一度、＊以降を最後までくり返します。合計54（56）目。

次の段：最後まで表編み。

次の段：＊表編み7（5）目、左上2目一度、＊以降を最後までくり返します。合計48目。

次の段：最後まで表編み。

次の段：＊表編み6（4）目、左上2目一度、＊以降を最後までくり返します。合計42（40）目。

次の段：最後まで表編み。

次の段：＊表編み5（3）目、左上2目一度、＊以降を最後までくり返します。合計36（32）目。

次の段：最後まで表編み。

1＊表編み4（2）目、左上2目一度、＊以降を最後までくり返します。合計30（24）目。

次の段：最後まで表編み。

1＊表編み3（1）目、左上2目一度、＊以降を最後までくり返します。合計24（16）目。

0-6ヵ月のサイズ

次の段：＊表編み2目、左上2目一度、＊以降を最後までくり返します。合計18目。

次の段：＊表編み1目左上2目一度、＊以降を最後までくり返します。合計12目。

すべてのサイズ

次の段：＊左上2目一度、＊以降を最後までくり返します。合計6（8）目。

長めに糸を切って、残っている目に通し、強く引いて穴を閉じます。

仕上げ

編み終わりの糸を編み地に縫いこみます。

❅ 右の耳当て ❅

2つめの安全ピンを、後ろ中心につけた安全ピンより6cm右につけます。この2つめの安全ピンより11号（US5.5mm）の両端が尖った編み針を使用し、つばの部分を折りたたみ、帽子本体の裏側の最初の段から11（13）目拾って表編みをします。

次の段：最後まで表編み。

編み地の長さが5cmになるまでメリヤス編みをします。

5目残るまで、1段おきに段の最後で1目ずつ減らします。

編み地の長さが9cmになるまで、ガーター編みでまっすぐに編みます。

次の段：表編み2目、糸を編み地の手前に置く、左上2目一度、表編み1目。

表編みを2段します。

すべての目を伏せ目にします。

❅ 左の耳あて ❅

3つめの安全ピンを、後ろ中心につけた安全ピンより6cm左につけます。つばからすぐ上の、帽子本体裏側の最初の段より11（13）目拾い、右の耳当てと同様に5目残るところまで編みます。

ガーター編みで2cmまっすぐ編みます。

すべての目を伏せ目にします。

ボタンホールの反対側にボタンを縫いつけます。

編み終わりの糸を編み地に縫いこみます。

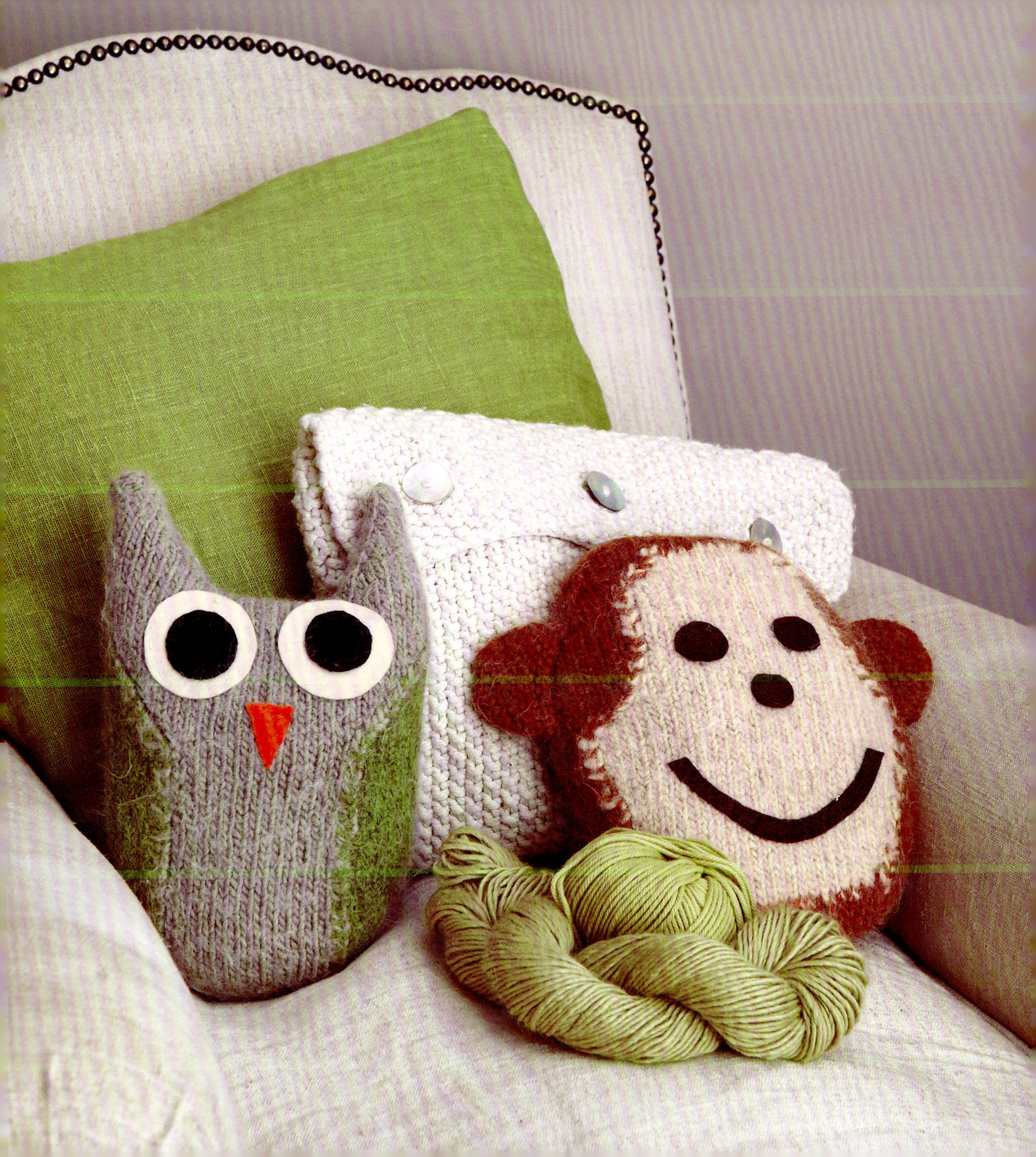

フクロウとサルのクッション

私の娘のマイレは2つの性格を持っています。普段はそそっかしくて、やんちゃで、騒々しいのですが、ときに真面目な表情で、何かに深い興味を持つ様子を見せることもあります。この2つのクッションは、そんなふうに子どもたちが私たちに見せる、一見すると対称的な表情を表しています。

フクロウの材料

メインカラー：ローワン・コクーン（825 Clay）100g×1

コントラストカラー：ローワン・コクーン（816 Kiwi）100g×1

13号（US 6mm）の棒針1組、茶色と白と黄色のフェルト少々、とじ針、糸と針、パンヤなど詰め物

サルの材料

メインカラー（MC）：ローワン・コクーン（815 Amber）100g×1

コントラストカラー（CC）：ローワン・コクーン（806 Frost）100g×1

13号（US 6mm）の棒針1組、茶色のフェルト少々、糸と針、パンヤなど詰め物

ゲージ

メリヤス編み13号（US 6mm）の棒針15.5目22.5段で10cm角。

パターン：フクロウ

❋ 背中 ❋

メインカラー（MC）を使用して、15目作り目をします。
1段目（裏側）：最後まで裏編み。
2段目：表編み2目、表編みで1目増目、2目残るまで表編み、表編みで1目増目、表編み2目。合計17目。
　上記2段をさらに3回くり返します。合計23目。
＊次の段：最後まで裏編み。
次の段：最後まで表編み。
次の段：裏編み1目、裏編みで1目増し目、最後まで裏編み、裏編みで1目増し目、裏編み1目。合計25目。
次の段：最後まで表編み。
次の段：最後まで裏編み。
次の段：表編み1目、表編みで1目増目、最後まで表編み、表編みで1目増目、表編み1目。合計27目。
　＊以降をさらにもう1回くり返します。合計31目。
　編み地が28cmになり、表側の段で終わるまで、メリヤス編みでまっすぐに編みます。
次の段：裏編み11目、裏目で伏せ目9目、裏編み11目。

❋ 左の突起 ❋

次の段：右の突起用に針に編み目を残し、伏せ目の4目手前まで表編み、左上2目一度、表編み2目。合計10目。
＊＊次の段：最後まで裏編み。
次の段：4目残るまで表編み、左上2目一度、表編み2目。合計9目。
　＊＊以降を、4目残るまでくり返します。
次の段：最後まで裏編み。
次の段：表編み1目、左上2目一度、表編み1目。合計3目。
　残りの3目を裏目で伏せ目にします。

❋ 右の突起 ❋

編み地を表を上にしておき、糸をつなぎます。
次の段：表編み2目、右上2目一度、最後まで表編み。合計10目。
＊＊＊次の段：最後まで裏編み。
次の段：表編み2目、右上2目一度、最後まで表編み。合計9目。
　＊＊＊以降を4目残るまでくり返します。
次の段：最後まで裏編み。
次の段：表編み1目、右上2目一度、表編み1目。合計3目。

残りの3目を裏目で伏せ目にします。

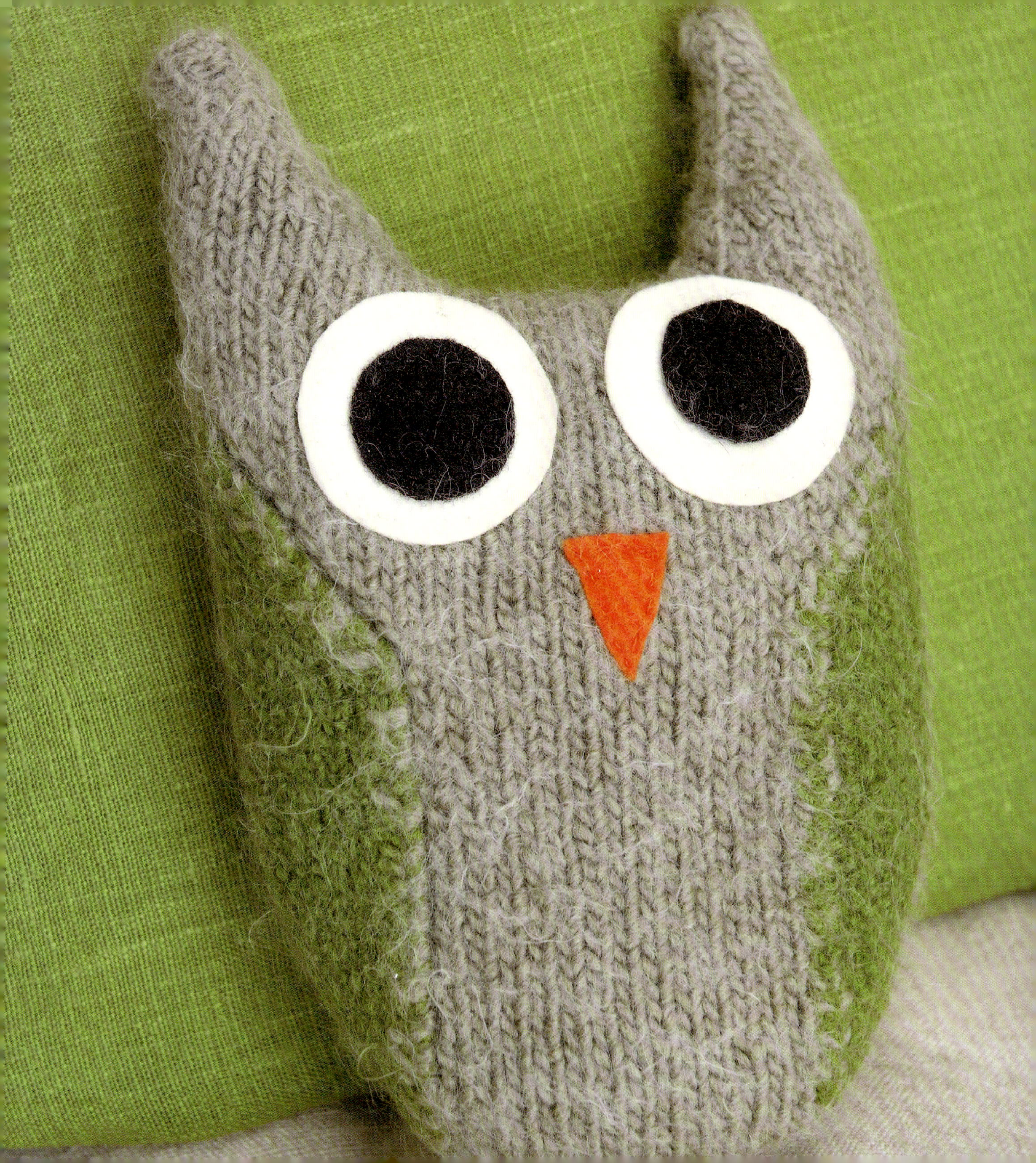

✳ 正面 ✳

コントラストカラー（以下、CC）の糸を2つに分けて巻いておきます。
メインカラー（以下、MC）を使用して、作り目15目。

1段目：最後まで裏編み。
2段目：表編み2目、1目増し目、最後まで表編み、1目増し目、表編み2目。合計17目。
3段目：1つめのCCをつなぎ、CCで裏編み1目、CCとMCを同時に裏編み1目、2目残るまでMCで裏編み、2つめのCCをつなぎ、CCとMCを同時に裏編み1目、CCで裏編み1目。
4段目：CCで表編み1目、CCで増目1目、CCとMCを同時に表編み1目、2目残るまでMCで表編み、CCとMCを同時に表編み1目、CCで増目1目、CCで表編み1目。合計19目。
5段目：CCで裏編み2目、CCとMCを同時に裏編み1目、3目残るまでMCで裏編み、CCとMCを同時に裏編み1目、CCで裏編み2目。
6段目：CCで表編み2目、CCで増目1目、CCとMCを同時に表編み1目、MCで3目残るまで表編み、CCとMCを同時に表編み1目、CCで増目1目、CCで表編み2目。合計21目。
7段目：CCで裏編み3目、CCとMCを同時に裏編み1目、4目残るまでMCで裏編み、CCとMCを同時に裏編み1目、CCで裏編み3目。
8段目：CCで表編み2目、CCで増目1目、CCで表編み1目、CCとMCを同時に表編み1目、4目残るまでMCで表編み、CCとMCを同時に表編み1目、CCで表編み1目、CCで増目1目、CCで表編み2目。合計23目。
直前の段と同じ色の糸を使って2段まっすぐに編みます。
次の段（裏側）：CCで裏編み2目、CCで増目1目、CCで裏編み2目C、CCとMCを同時に裏編み1目、5目残るまでMCで裏編み、CCとMCを同時に裏編み1目、CCで裏編み2目、CCで増目1目、CCで裏編み2目。合計25目。
直前の段と同じ色の糸を使って2段まっすぐに編みます。
次の段（表側）：CCで表編み2目、CCで増目1目、CCで表編み3目、CCとMCを同時に表編み1目、MCで目残るまで表編み6目、CCとMCを同時に表編み1目、CCで表編み3目、CCで増目1目、CCで表編み2目。合計27目。
直前の段と同じ色の糸を使って2段まっすぐに編みます。
次の段（裏側）：CCで裏編み2目、CCで増目1目、CCで裏編み4目、CCとMCを同時に裏編み1目、MCで7目残るまで裏編み、CCとMCを同時に裏編み1目、CCで裏編み4目、CCで増目1目、CCで裏編み2目。合計29目。
直前の段と同じ色の糸を使って2段まっすぐに編みます。
次の段（表側）：CCで表編み2目、CCで増目1目、CCで表編み5目、CCとMCを同時に表編み1目、MCで8目残るまで表編み、CCとMCで表編み1目、CCで表編み5目、CCで増目1目、CCで表編み2目。合計31目。
編み地が18cmになり、裏側の段で終わるまで、直前の段と同じ色の糸を使って2段まっすぐに編みます。
次の段（表側）：CCで表編み7目、CCとMCを同時に左上2目一度、MCで増目1目、MCで9目残るまで表編み、CCとMCを同時に右上2目一度、CCで表編み7目。
次の段：直前の段と同じ色の糸を使って最後まで裏編み。
次の段：CCで表編み6目、CCとMCを同時に左上2目一度、MCで増目1目、MCで8目残るまで表編み、CCとMCを同時に右上2目一度、CCで表編み6目。
次の段：直前の段と同じ色の糸を使って最後まで裏編み。
次の段：CCで表編み5目、CCとMCを同時に左上2目一度、MCで増目1目、MCで7目残るまで表編み、CCとMCを同時に右上2目一度、CCで表編み5目。
次の段：直前の段と同じ色の糸を使って最後まで裏編み。
次の段：CCで表編み4目、CCとMCを同時に左上2目一度、MCで増目1目、MCで6目残るまで表編み、CCとMCを同時に右上2目一度、CCで表編み4目。
次の段：直前の段と同じ色の糸を使って最後まで裏編み。
次の段：CCで表編み3目、CCとMCを同時に左上2目一度、MCで増目1目、MCで5目残るまで表編み、CCとMCを同時に右上2目一度、CCで表編み3目。
次の段：直前の段と同じ色の糸を使って最後まで裏編み。
次の段：CCで表編み2目、CCとMCを同時に左上2目一度、MCで増目1目、MCで4目残るまで表編み、CCとMCを同時に右上2目一度、CCで表編み2目。
次の段：直前の段と同じ色の糸を使って最後まで裏編み。
次の段：CCで表編み1目、CCとMCを同時に左上2目一度、MCで増目1目、MCで3目残るまで表編み、CCとMCを同時に右上2目一度、CCで表編み1目。
次の段：直前の段と同じ色の糸を使って最後まで裏編み。
次の段：CCとMCを同時に左上2目一度、MCで増目1目、MCで2目残るまで表編み、MCで増目1目、CCとMCを同時に右上2目一度。
CCの糸を切ります。
編み地が28cm、裏側の段で終わるまでMCだけでまっすぐに編みます。
背中と同様に突起を編みます。

仕上げ

　編み終わりの糸を編み地に縫いこみます。メインカラーを使用して正面と背中を縫い合わせます。上部の突起と突起の間のＬ部分は、詰め物を入れるために開けたままにしておきます。

　フクロウを古いジーンズと一緒に洗濯機に入れてフェルト化させます。洗濯機は、ぬるま湯のデリケートモードに設定し、時々チェックしてください。熱い湯で行うとフェルト化が早くできますが、うまくコントロールできなかったり、より頻繁にチェックしなければならなかったりします。洗濯機によって効果が異なりますので、自分の目と感を頼りにしてください。形を保つ程度に堅く、ただしゆがまないようにします。私は縫い目がほぼ完全にぼやける程度まで待ちます。フクロウとサルのクッションの両方を作っている場合は、同時にフェルト化します。

　写真のように目やくちばしを縫いつけます。詰め物は、ボールではなくクッションを作ることを意識して、ふんわりと詰めましょう。なるべく平らにして、開口部を縫い合わせます。

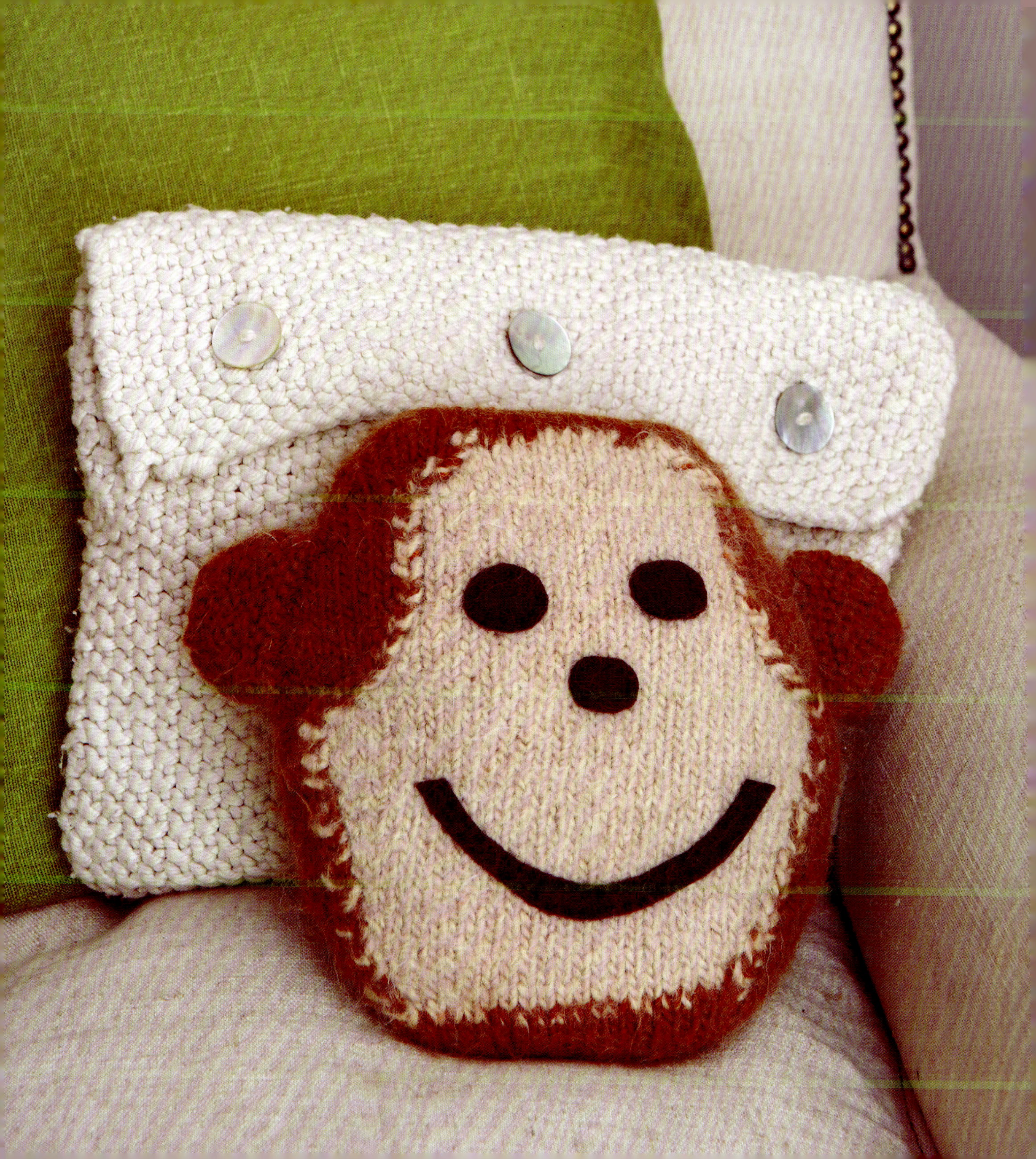

パターン：サル

❋ 背中 ❋

メインカラー（MC）を使用して、作り目20目。

＊1段目（裏側）：最後まで裏編み。
2段目：表編み2目、表編みで1目増目、2目残るまで表編み、表編みで1目増目、表編み2目。合計22目。
　＊以降を目数が30目になるまでくり返します。
次の段：最後まで裏編み。
次の段：最後まで表編み。
次の段：裏編み2目、裏編みで1目増し目、2目残るまで裏編み、裏編みで1目増し目、裏編み2目。合計32目。
次の段：最後まで表編み。
次の段：最後まで裏編み。
次の段：表編み2目、表編みで1目増目、2目残るまで表編み、表編みで1目増目、表編み2目。合計34目。
＊＊次の段：最後まで裏編み。
次の段：最後まで表編み。
次の段：最後まで裏編み。
次の段：表編み2目、表編みで1目増目、2目残るまで表編み、表編みで1目増目、表編み2目。合計36目。
　＊＊以降を目数が40目になるまでくり返します。
メリヤス編みで5段まっすぐに編みます。
次の段：表編み2目、右上2目一度、4目残るまで表編み、左上2目一度、表編み2目。合計38目。
＊＊＊次の段：最後まで裏編み。
次の段：最後まで表編み。
次の段：最後まで裏編み。
次の段：表編み2目、右上2目一度、4目残るまで表編み、左上2目一度、表編み2目。合計36目。
　＊＊＊以降を34目残るまでくり返します。
次の段：最後まで裏編み。
次の段：最後まで表編み。
次の段：最後まで裏編み。
次の段：表編み2目、右上2目一度、4目残るまで表編み、左上2目一度、表編み2目。合計32目。
次の段：最後まで裏編み。
次の段：最後まで表編み。
次の段：裏編み2目、裏目の2目一度、4目残るまで裏編み、ねじり右上2目一度、裏編み4目。合計30目。
次の段：最後まで表編み。
次の段：最後まで裏編み。
次の段：表編み2目、右上2目一度、4目残るまで表編み、左上2目一度、表編み2目。合計28目。
＊＊＊＊次の段：最後まで裏編み。
次の段：表編み2目、右上2目一度、4目残るまで表編み、左上2目一度、表編み2目。合計26目。
　＊＊＊＊以降を20目残るまでくり返します。
次の段：最後まで裏編み。
すべての目を伏せ目にします。

❋ 正面 ❋

残りのメインカラー（以下、MC）を2つに分けて巻いておきます。最初のMCを使って20目作り目します。

＊1段目（裏側）：最後まで裏編み。
2段目：表編み2目、表編みで1目増目、2目残るまで表編み、表編みで1目増目、表編み2目。合計22目。
　＊以降をもう1度くり返します。合計24目。
次の段：最後まで裏編み。
次の段：表編み2目、表編みで1目増目、表編み2目、最初のMCの糸をおき、コントラストカラー（以下、CC）と2つめのMCの糸を一緒に4目残るまで表編み、2つめのMCで表編み2目、MCで増目1目、MCで表編み2目。合計26目。
次の段：MCで裏編み4目、CCとMCを同時に裏編み1目、CCで5目残るまで裏編み、CCとMCを同時に裏編み1目、MCで裏編み4目。
次の段：MCで表編み2目、MCで増目1目、MCで表編み1目、CCとMCを同時に左上2目一度、CCで増目1目、CCで表編み16目、CCで増目1目、CCとMCを同時に右上2目一度、MCで表編み1目、MCで増目1目、MCで表編み2目。合計28目。
次の段：直前の段と同じ色の糸を使って最後まで裏編み。
次の段：MCで表編み1目、MCで増目1目、MCで表編み1目、CCとMCを同時に左上2目一度、CCで増目1目、CCで表編み18、CCで増目1目、CCとMCを同時に右上2目一度、MCで表編み1目、MCで増目1目、MCで表編み2目。合計30目。
次の段：直前の段と同じ色の糸を使って最後まで裏編み。
次の段：直前の段と同じ色の糸を使って最後まで表編み。
次の段：MCで裏編み2目、MCで裏編み1目増し目、MCで裏編み1目、CCとMCを一緒にねじり右上2目一度、CCで裏編み1目増し目、CCで裏編み20目、CCで裏編み1目増し目、CCとMCを一緒に裏目の2目一度、MCで裏編み1目、MCで裏編み1目増し目、MCで裏編み1目。合計32目。
次の段：直前の段と同じ色の糸を使って最後まで表編み。
次の段：直前の段と同じ色の糸を使って最後まで裏編み。
次の段：MCで表編み2目、MCで増目1目、MCで表編み1目、CCとMCを同時に左上2目一度、CCで増目1目、CCで表編み22目、CCで増目1目、CCとMCを同時に右上2目一度、MCで表編み1目、MCで増目1目、MCで表編み2目。合計34目。

137

** 次の段：直前の段と同じ色の糸を使って最後まで裏編み。
次の段：直前の段と同じ色の糸を使って最後まで表編み。
次の段：直前の段と同じ色の糸を使って最後まで裏編み。
次の段：MCで表編み2目、MCで増目1目、MCで表編み1目、CCとMCを同時に左上2目一度、CCで増目1目、CCの部分の最後までCCで表編み、CCで増目1目、CCとMCを一緒に右上2目一度、MCで表編み1目、MCで増目1目、MCで表編み2目。合計36目。

　** 以降を40目残るまでくり返します。
　直前の段と同じ色の糸を使って5段まっすぐに編みます。
次の段：MCで表編み2目、MCで右上2目一度、MCで増目1目、CCとMCを同時に右上2目一度、CCで表編み28目、CCとMCを同時に左上2目一度、MCで増目1目、MCで左上2目一度、MCで表編み2目。合計40目。
次の段：MCで裏編み4目、MCで増目1目、CCとMCを一緒に裏目の2目一度、CCで裏編み26目、CCとMCを一緒にねじり右上2目一度、MCで増目1目、MCで裏編み4目。
次の段：MCで表編み5目、MCで増目1目、CCとMCを同時に右上2目一度、CCで表編み24目、CCとMCを同時に左上2目一度、MCで増目1目、MCで表編み5目。
次の段：MCで裏編み6目、MCで増目1目、CCとMCを一緒に裏目の2目一度、CCで裏編み22目、CCとMCを一緒にねじり右上2目一度、MCで増目1目、MCで裏編み6目。
次の段：MCで表編み2目、MCで右上2目一度、MCで表編み3目、MCで増目1目、CCとMCを一緒に右上2目一度、CCで表編み20目、CCとMCを同時に左上2目一度、MCで増目1目、MCで表編み3目、MCで左上2目一度、MCで表編み2目。合計38目。
　直前の段と同じ色の糸を使って3段まっすぐに編みます。
次の段：MCで表編み2目、MCで右上2目一度、MCで表編み3目、MCで増目1目、CCとMCを一緒に右上2目一度、CCで表編み18目、CCとMCを同時に左上2目一度、MCで増目1目、MCで表編み3目、MCで左上2目一度、MCで表編み2目。合計36目。
　直前の段と同じ色の糸を使って3段まっすぐに編みます。
次の段：MCで表編み2目、MCで右上2目一度、MCで表編み3目、CCとMCを同時に表編み1目、CCで表編み18目、CCとMCを同時に表編み1目、MCで表編み3目、MCで左上2目一度、MCで表編み2目。合計34目。
　直前の段と同じ色の糸を使って2段まっすぐに編みます。
次の段：MCで裏編み2目、MCで裏目の2目一度、MCで裏編み2目、CCとMCを同時に裏編み1目、CCで裏編み18目、CCとMCを同時に裏編み1目、MCで裏編み2目、MCでねじり右上2目一度、MCで裏編み2目。合計32目。
　直前の段と同じ色の糸を使って2段まっすぐに編みます。
次の段：MCで表編み2目、MCで右上2目一度、MCで表編み1目、CCとMCを同時に表編み1目、CCで表編み18目、CCとMCを同時に表編み1目、MCで表編み1目、MCで左上2目一度、MCで表編み2目。合計30目。
　直前の段と同じ色の糸を使って1段まっすぐに編みます。
次の段：MCで表編み2目、MCで右上2目一度、MCで増目1目、CCとMCを同時に右上2目一度、CCで表編み16目、CCとMCを同時に左上2目一度、MCで増目1目、MCで左上2目一度、MCで表編み2目。合計28目。
次の段：MCで裏編み4目、MCで増目1目、CCとMCを同時に裏目の2目一度、CCで裏編み14目、CCとMCを同時にねじり右上2目一度、MCで増目1目、MCで裏編み4目。
次の段：MCで表編み2目、MCで右上2目一度、MCで表編み2目、MCで増目1目、CCとMCを同時に右上2目一度、CCで表編み12目、CCとMCを同時に左上2目一度、MCで増目1目、MCで表編み2目、MCで左上2目一度、MCで表編み2目。合計26目。
次の段：MCで裏編み5目、MCで増目1目、CCとMCを同時に裏目の2目一度、CCとMCを同時に裏編み10目、CCとMCを同時にねじり右上2目一度、MCで増目1目、MCで裏編み5目。
　CCとMCの2つ目の糸を切ります。
次の段：MCだけを使用して、表編み2目、右上2目一度、4目残るまで表編み、左上2目一度、表編み2目。合計24目。
*** 次の段：最後まで裏編み。
次の段：表編み2目、右上2目一度、4目残るまで表編み、左上2目一度、表編み2目。合計22目。
　*** 以降を20目残るまでくり返します。
次の段：最後まで裏編み。
　すべての目を伏せ目にします。
　編み終わりの糸を編み地に縫いこみます。
　正面と背中をMCを使用して縫い合わせます。上部の伏せ目の部分は詰め物をするために開けておきましょう。

❄ 耳 ❄

メインカラー（MC）を使用して、表側を上にして、写真のように頬骨の上あたりから 12 目拾って表編みにします。

表編み 5 段。

＊次の段 (1)： 表編み 1 目、右上 2 目一度、3 目残るまで表編み、左上 2 目一度、表編み 1 目。合計 10 目。

次の段： 最後まで表編み。

＊以降を 8 目残るまでくり返します。

1 段目をもう一度くり返します。合計 6 目。

すべての目を伏せ目にします。

2 つめの耳も同じことをくり返します。編み終わりの糸を編み地に縫いこみます。

仕上げ

サルを古いジーンズと一緒に洗濯機に入れてフェルト化させます。洗濯機は、ぬるま湯のデリケートモードに設定し、こまめにチェックしてください。熱い湯で行うとフェルト化が早くできますが、うまくコントロールできなかったり、より頻繁にチェックしなければならなかったりします。洗濯機によって効果が異なりますので、自分の目と感を頼りにしてください。形を保つ程度に堅く、ただしゆがまないようにします。私は縫い目がほぼ完全にぼやける程度まで待ちます。フクロウとサルのクッションの両方を作っている場合は、同時にフェルト化します。

写真のように目、鼻、微笑む口を縫いつけます。詰め物は、ボールではなくクッションを作ることを意識して、ふんわりと詰めましょう。なるべく平らにして、開口部を縫い合わせます。

購入先リスト

インターネット上に多く存在する、糸の購入先のいくつかをご紹介します。ほとんどが海外発送可能です。

〈英国〉

◆ Designer Yarns Ltd
英国とヨーロッパで、以下を取り扱うすべての業者が分かる。Noro（ノロ）、Louisa Harding（ルイザ・ハーディング）、Araucania（アラウカニア）、Debbie Bliss（デビー・ブリス）、Mirasol（ミラソル）
www.designeryarns.uk.com

◆ Loop
ロンドンのイズリントンの店舗のほかに、オンラインショップあり。糸はもちろん、パターン、付属品も豊富に取り揃える。海外発送可。
www.loopknitting.com

◆ Ball and Needle
さまざまな糸や付属品を取り扱う。製造中止になったものやディスカウント商品も手に入る。海外発送可。
www.ballandneedle.co.uk

◆ Simply Wool
有名ブランド以外に、オークニー諸島にある家族経営の製造会社の糸も取り扱う。
www.simplywool.com

◆ Scarlet Dash
ウールの糸と小間物の品揃えがとても豊富。
www.scarletdash.co.uk

〈オーストラリア〉

◆ Moseley Park
農場で羊毛から製造されたホームメイドの糸を取り扱う。
www.moseleyparkhome.com

◆ Black Sheep Wool
安価な糸から高級な糸まで、幅広い糸を取り扱う。編み物用具も手に入る。
www.blacksheepwool.com.au

◆ The Wool Shack
オーストラリア以外に、英国とヨーロッパのウール糸を取り扱う。付属品もあり。海外発送可。
www.thewoolshack.com

◆ Yarn Over
糸の種類とブランドが大変豊富。付属品も取り扱う。
www.yarnover.com.au

◆ Jo Sharp
高級糸を取り扱う。色のバラエティが非常に豊富。
www.josharp.com

〈ヨーロッパ〉

◆ Designer Yarns
ヨーロッパの業者を英語で紹介している。ドイツ語の関連サイトもあり。
www.designeryarns.de

◆ Elle Tricote
フランスにある糸とパターンを取り扱う業者。
www.elletricote.com

〈米国〉

◆ Jimmy Beans Wool
「オンラインの近所の糸屋さん」と説明するこのサイトの品揃えは素晴らしい。本書で使った糸の大半はこのサイトから入手可。
www.jimmybeanswool.com

◆ The Loopy Ewe
小さな会社で少量生産された糸を探すのに適したサイト。もちろん通常の商品も取り扱う。
www.theloopyewe.com

◆ Yarnmarket
幅広い商品を取り扱うが、とくに高級糸が多い傾向がある。このサイトの糸のディレクトリはとても便利。
www.yarnmarket.com

◆ WEBS Yarn
値引き商品が豊富で、リーズナブルな糸から高級な糸まで、品揃えが良い。
www.yarn.com

索引

あ
アイクのタンクトップ················88-91
アイ・コード·······························14
糸··11
エミリーのドレス·······················96-99
オータム・リーブズ・カーディガン···92-95

か
ガーター編み······························13
カーディガン
   オータム・リーブズ················92-95
   マイレ··································62-67
      リトル・オールドマン·······84-87
      カフド・パンツ··············80-83
      クッション················130-139

さ
サイズについて···························11
サマー・スカイ・ブランケット·······20-23
サマー・バケット・ハット·········118-121
サルのクッション················130-139
仕上げ·····································15
ジャケット··························40-43
ショーツ······························56-59
すくいとじ································16
ストライプ・ボートネック・セーター
··68-71
セーター
   ストライプ・ボートネック・セーター
   ······································68-71
   ノアのセーター··················24-27
ソフィーのブラウス················72-75

た
タイム・フライズ・ブーティ
·································106-109
タンクトップ························88-91
チッカディー・ハット············102-105
チュチュ······························76-79
作り目
   ケーブル・キャスト・オン······13
   別糸···································12
   巻き目·································13
   ロング・テール·····················12
テクニック··························12-17
手袋
   シンプル·························28-31
   スラム····························32-35

な
ノアのセーター·····················24-27

は
バープ・クロス（吐き戻し用ケープ）
·································110-113
   シェブロン·························113
   ダイアモンド・ブロケード·····112
   パラレログラム・チェック····112
パンツ·······························80-83
ハンナのジャケット···············40-43
ビブス·····························114-117
拾い目·······································14
ブーティ····························106-109
フクロウのクッション·········130-139
伏せ目······································16
ブラウス····························72-75
ブランケット

(右列)
サマー・スカイ・ブランケット
······································20-23
ハニカム・ブランケット·······44-47
ブルマ·································52-55
ブロッキング···························17
ベビー・コジー（おくるみ）·····48-51
帽子
   サマー・バケット··········118-121
   チッカディー··············102-105
   マドックス················126-129

ま
ボタン・バッグ··················122-125
マイレのカーディガン············62-67
マジック・ループ······················15
マドックス・ハット············126-129
メリヤスはぎ····························17
メリヤス編み····························13

ら
レッグ・ウォーマー···············36-39

わ
輪編み····································15

著者：
ニッキー・ヴァン・デ・カー (Nikki Van De Car)
ハワイ生まれ。現在は米国ニュージャージー州在住。ブログ「What To Knit When You're Expecting」で、娘マイレとの日々を綴るほか、製作中の作品を紹介している。

翻訳者：
松本 敦子 (まつもと あつこ)
関西学院大学法学部卒業。訳書に『アルチザンチーズ図鑑』『ワインの雑学　365日』『アーユルヴェーダバイブル』(いずれもガイアブックス)などがある。

what to knit when you're expecting
赤ちゃん誕生を夢見ながら
ニットで癒される

発　　　行	2014年2月1日
発 行 者	平野　陽三
発 行 所	株式会社 ガイアブックス

〒 169-0074 東京都新宿区北新宿 3-14-8
TEL.03 (3366) 1411　FAX.03 (3366) 3503
http://www.gaiajapan.co.jp

Copyright GAIABOOKS INC. JAPAN2014
ISBN978-4-88282-904-1 C2077

落丁本・乱丁本はお取り替えいたします。
本書を許可なく複製することは、かたくお断わりします。
Printed in China

ガイアブックスは
地球(ガイア)の自然環境を守ると同時に
心と身体の自然を保つべく
"ナチュラルライフ"を提唱していきます。